英国人記者が見抜いた戦後史の正体

ヘンリー・S・ストークス

SB新書
500

はじめに

二〇一九年五月、改元が行われた。日本は、平成から令和へと御代《みよ》がわりした。そして、先の戦争が「終戦」を迎えてからは、八十年近く経った。

にもかかわらず、いまだに日本人のほとんどは「真実の戦後史」を知らない。いったいなぜだろうか。

それはひとえに、この国の戦後の教育とメディアが「本当のこと」をタブー視し、伝えずにきたためだ。世の中の真実を、ペンの力をもって人々に伝えるジャーナリストとして、その現状に忸怩《じくじ》たる思いを抱いてきた。

今こそ、私がこれまでの人生で実際に目の当たりにしてきた「本当の戦後史」を一冊に体系化せねばならない。それが日本に今も駐在している最古参の外国人ジャーナリストとしての責務だ――そう考えて、本書を出版することにした。

一九六四年に来日して以来、私は経済紙『フィナンシャル・タイムズ』、世界一級の日刊紙である英国の『ザ・タイムズ』紙および『ニューヨーク・タイムズ』紙の東京支局長を歴任してきた。日本を拠点として、戦後のアジア諸国を飛び回り、各国の首脳をはじめ、政府要人たちに、長年にわたって取材を行ってきた。そんな私だからこそ、日本のメディアでは書けない真実を明かすことができる。

日本の戦後は、アメリカが仕掛けた「日米開戦」に端を発する。そして先の戦争の本当の端緒は、江戸時代の黒船来航までさかのぼる。日本でもアメリカでもない、英国人記者という第三者の視点をもった私だからこそ見抜くことができたことである。

これまで何冊も本を出してきたが、本書は記者として目の当たりにしてきた日本と世界の「戦後」をすべて集約した、集大成とも言える一冊である。

この本が多くの日本人に届けば、日本はやっと欧米諸国によって長年強いられた悪しき呪縛から解き放たれ、本当の意味で自立した主権国家として、新しい時代の第一歩を踏み出すことができる。戦後の日本と東アジア・東南アジア諸国、それにインド、西欧諸国とのあり方を問い直して頂けたらと思う。

これからこの本で語られる「真実の戦後史」が、令和の日本にとって、常識となることを心から願っている。

二〇一九年十二月吉日

ヘンリー・S・ストークス

『英国人記者が見抜いた戦後史の正体』目次

序章　アメリカに仕組まれた日本の戦後秩序
――日米開戦から戦後日本への道程

1941年〜1945年

第1章

敗戦から占領へ

――日本人はいつから日本を愛せなくなったのか

1945年〜1949年

第2章 アジア植民地時代の終焉と主権回復
――日本がアジアに残した偉大な足跡

1950年〜1969年

第3章 高度成長期の光と影
——戦後日本と三島由紀夫

1970年〜1975年

第4章 現代まで引きずった悪しきプロパガンダ ——戦勝国による歴史観の盲点

1975年〜2014年

第5章

平成の終わりと令和の始まり
――世界に対して日本はどう向き合うべきか

2015年～2020年

序 章

アメリカに仕組まれた日本の戦後秩序

——日米開戦から戦後日本への道程

1941年

〜

1945年

「戦後」は、日米開戦から始まった

一九四一年　日米開戦

戦後日本に〝最初の一撃〟を浴びせたアメリカ

一九四五年八月十五日に幕を閉じた「日米戦争」とは、いったい何だったのか。まずこの問いについて考えることが、戦後史を知るための必須要件だ。日本が戦った過去の戦争と同様、先の戦争も「やむなく」行われたものだった。

思えば日露戦争（一九〇四年二月八日から一九〇五年九月五日）も、不凍港《ふとうこう》を求めるロシアの南下政策の野心を挫《くじ》くためのものだった。中国との戦争も、日本が大陸における当然の権利を行使しようとしていたところへ、中国が執拗《しつよう》に横槍《よこやり》を入れてきた。そのために「やむをえず」戦いに踏み切ったという色彩が濃い。

日本の戦いは、自衛のための戦いだった。あくまでも日本は、これまで同様「戦争不拡大方針」を貫こうとしていたのだ。

満州事変も日支事変も、他国を脅かすことを目的にすえたものではない。現に満州国は、日本の経済支援で大発展した。日本は、「五族協和・王道楽土」の理念を掲げた多民族共生国家を実現した。そして大東亜共栄圏を本当に実現しようと、日本は、日米開戦後の一九四三（昭和十八）年十一月五日、大東亜会議を開催した。大東亜会議は、当時としては「世界初の有色人サミット」だった。

アジアを守る大義のために力を尽くした日本

歴史をさかのぼれば日本では、戦国時代に最も残酷といわれた武将でさえも、指揮命令によって、虐殺や民衆の蹂躙《じゅうりん》をしたことはなかった。

圧倒的な軍事力を誇った織田信長も、時の天皇には弓一本引くことはなかった。信長は、比叡《ひえいざん》山焼き討ちなど仏教宗門との戦いもあったが、その目的は政教分離で、相手が僧兵（武装した僧侶）だったため戦闘となった。襲撃にあたっては、民衆に対し事前に避難勧告を出している。

戦国時代の合戦は、将兵同士が戦った。農民は、その合戦を弁当持参で見物した。日本人は、一般人を戦争に巻き込むこととは、まったく無縁だった。そうした発想が、そもそもなかったのである。

毛沢東も「日本軍は取り囲むが、殲滅《せんめつ》しない」と驚いたほどだ。一方の中国は、殲滅は歴史上、事あるごとに行われてきた。

アメリカも、「殲滅」は得意技だ。十万人が住む大都市・東京を一晩で焦土にし、広島・長崎は街ごと原爆で爆破した。さらに日本全国の都市を空爆し、都市殲滅を実践した。

一方、日本の軍隊が、他国のように指揮命令によって大虐殺を実行するなど、あり得ない。あったと皆が思い込むのは、「ミラー・イメージ」だ。

外交評論家の加瀬英明《かせひであき》氏が、この「ミラー・イメージ」について言及していた。相手に自分の姿を投影し、相手も自分と同じだと思い込む、ということである。

前置きが長くなったが、私が示したいポイントは、ここにある。すなわち、日米開戦へと至らしめたのは、いわば互いのミラー・イメージの不一致だ。

先の戦争が開戦されるまで、日本の外交当局は、日本と同じようにアメリカも、真摯《しんし》に和平実現のための外交努力をしていると思っていた。自分たちが、そうだったからにほかならない。ところがアメリカは、日本に一発目を撃たせ、開戦させようと努めていた。

これについては、私はある独自の〝証言〟を得ている。年上の従兄弟《いとこ》、ネーサン・クラークが、かつて私に語ってくれたことだ。

ネーサンは、軍人だった。一九四一（昭和十六）年初頭から、大尉としてインドで展開していたイギリス軍部隊に属していた。

同年半ばのことである。イギリスの植民地だったビルマ（現ミャンマー）の飛行場に降り立ったネーサンは、今までに見たこともない光景に息をのんだ。多数のアメリカ軍戦闘機と爆撃機が並んでいたのだ。

我が目を疑いながらも、ネーサンは直感した。「今までアメリカの軍用機が、こんなに多くビルマの飛行場に停留することはなかった。折しも日本と今でいう『中国《チャイナ》』が戦争中、これはアメリカが日本に戦争を仕掛ける準備をしているに違いない」と。そしてアメリカのルーズベルト大統領が、自国民を欺いていると義憤に駆られたという。

正直なことをいうと、この話を聞いた当時、二十代半ばだった私には、なぜネーサンが義憤に駆られたのかわからなかった。だが今なら、わかる。

日本による真珠湾攻撃は一九四一年十二月七日だ。その半年ほども前に、ミャンマーにアメリカの戦闘機と爆撃機が翼を連ねていた。アメリカは、真珠湾攻撃を「寝耳に水の奇襲」だと断じることで、対日戦争について自国民の賛同を得たが、「寝耳に水の奇襲」どころか、その半年も前から着々と開戦準備を整えていたのだ。最初の一撃を日本に撃たせたら、すぐさま〝反撃〟できるように、である。

ネーサンは、そんなアメリカが隠蔽《いんぺい》してきた史実を話してくれたのだ。

ともあれ、日本は、その策略に、まんまとはまってしまった。真珠湾攻撃によって、泥沼の戦争へと引きずり込まれていく。

しかし、アメリカが日本に最初の一撃を撃たせようとしていたにしても、なぜ日本は、真珠湾に決死の攻撃を加えようとしたのだろうか。この答えを導くには、黒船来航までさかのぼる必要がある。

江戸時代、ペリーが蒔いた「種」が、あの戦争を招いた

そもそも、マシュー・ペリー提督率いる黒船とは、いったい何だったのか。ひと言でいえば「アメリカ海軍の制服に身を包んだ海賊集団」である。その海賊が、太平洋に浮かぶ豊かな国であり、欧州列強の手つかずの国、日本に手をかけた。これが、黒船来航と開国の真実だ。

黒船来航以前から、アメリカは日本沿海で鯨の密漁を行っていた。アメリカの捕鯨船は数百隻にも上ったという。そして一八五二（嘉永五）年の秋、ついにペリー提督の一団が江戸湾は浦賀水道にやってきた。

日本人ならば周知の事実であると思うが、台風によって失敗した蒙古襲来《もうこしゅうらい》を除き、それまで日本は他国の侵略を受けたことはなかった。その歴史が黒船来航によって途絶えた。これは日本ばかりでなく、アジアの歴史において、決定的な出来事だった。

江戸湾の鼻先に外国船が停泊している状況は、江戸幕府、ひいては徳川家の権威を

著しく損ねる。そのうえ、道幅の広い幹線道路をもたない当時の日本では、食糧などの輸送はもっぱら海路で行われていた。つまり黒船の停泊は、江戸市民の生命線を塞《ふさ》ぐ行為でもあったのだ。停泊が続けば、江戸市民は飢えてしまう。

そこで江戸幕府は、長崎の港へ向かうよう、艦隊に申し入れるが、ペリーはこれを無視し、その場に居座ったのである。

大砲を向けて、あからさまに示威する黒船。江戸城を含め、江戸の街並みはすべて木造である。ひとたび爆弾が発射され、江戸市中に着弾すれば、江戸は火の海と化す。

こうしてペリーは日本に手をかけた。日本人の心根に、アメリカをはじめとした西洋に対する敵愾心《てきがいしん》の火が灯った瞬間だった。その火種は延々と燃え続け、一世紀近く後に大きく燃え上がることになった。それが、日本による真珠湾攻撃だったのだと思う。

黒船はたった四隻だったが、アメリカは、圧倒的な威圧行為によって、日本を蹂躙した。もしそれがなかったなら、真珠湾攻撃もなかっただろう。

黒船の暴挙によって、日本が誇り高い伝統を深く傷つけられたことが、日米開戦の真の背景だったのである。

日本は戦争に負けたのか

一九四五年　日本による「ポツダム宣言」受諾

無条件降伏ではなかった

一九四五（昭和二十）年八月十五日、玉音《ぎょくおん》放送。日本の敗戦は「無条件降伏」だったと伝えられているが、実は違う。最初は「条件付き降伏」だったものが、一瞬にして無条件降伏へとすり替えられた経緯があるのだ。そして、そのように仕向けたのは、アメリカである。

アメリカは、ひと言でいえば、日本の戦いぶりに、すっかり手を焼いていた。攻めても攻めてもいっこうに反撃の手をゆるめない。アメリカでは、まるで何かに取り憑《つ》かれたかのように、猛烈に戦う民族は、日本人以外にないとされていた。日本を完全に屈服させるには、一九四七（昭和二十二）年までかかると見られていたほどである。

二〇〇六（平成十八）年に、ワシントン国立公文書館で機密解除された文書も、戦時中のアメリカが、いかに日本を手強《てごわ》いと思っていたかを物語っている。

その文書とは、対日戦争末期に作成された、日本本土侵攻作戦計画文書である。文書は、九州上陸作戦と関東上陸作戦の二部に分かれており、それぞれについて、アメリカ軍側に、どれほどの損害が生じるかが見積もられている。概要は、次の通りである。


九州上陸作戦（オリンピック作戦）は、一九四五年十月二十七日に九州周辺の小島群を占領し、水上機、レーダー基地などを設営。十一月一日早朝に陸軍、海兵隊の十四個師団が、六六隻の空母をふくむ三〇〇〇隻に分乗、掩護されて、宮崎市付近、有明湾、鹿児島市の海岸に殺到、十一月四日には開聞岳《かいもんだけ》付近に上陸。アメリカ軍の戦死者は二十五万人と推定された。

本州の関東上陸作戦（コロネット作戦）では、第五艦隊の三〇〇〇隻以上の艦艇が投入されることになっていた。

これらの作戦に対し、日本が一九四六（昭和二十一）年まで徹底抗戦を続けた場合、アメリカ軍の戦死者は「少なくとも、百万人」に上るだろうと推定されている。

それまで、太平洋の島々を転々と奪取してきた「蛙《かえる》飛び作戦」に、アメリカ軍は、日本の守備隊の二・五倍以上の兵力を投入していた。

しかし本土上陸となると、話が違う。アメリカ軍を迎え撃つ日本軍は、二倍以上になる。日本軍は、陸海空、すべてにおいて休みなく特攻攻撃を行うだろうし、民間人まで加わった、決死の総力戦となるに違いなかった。

連合国軍側が無条件降伏を要求しようものなら、原子爆弾を投下したとしても、日本の抗戦が止《や》むことはないだろうと見られていた。事実、日本は陸軍機五六五一機、海軍機二〇七四機を含め、合計一万二七二五機もの爆撃機、戦闘機、偵察機を温存していたことが、日本の敗戦後にアメリカが行った調査でわかっている。

そこでアメリカは一計を案じた。

まず、「天皇制の維持」は約束するという「条件付き降伏」を申し出るため、アメリカ、イギリスの首脳会談を主催し、「ポツダム宣言」を発した。ポツダム宣言は、日本軍に対してのみ無条件降伏を求め、日本政府に対しては、「我らの条件は以下の通りである」との明示があるように、条件降伏を迫るものだった。このポツダム宣言には、中華民国の蔣介石《しょうかいせき》政権は、あとから参加している。


さらに、すでに日本に手を焼いていたアメリカは、ソ連に対日戦争への参戦を誘った。当時、日本とソ連の間には「日ソ中立条約」が結ばれていたが、アメリカに唆《そそのか》されたソ連は、ポツダム宣言に加わったうえで、八月八日、日ソ中立条約を一方的に反故《ほ ご》にし、日本に攻め込んだ。広島に原子爆弾が投下された二日後のことである。その翌日には、二発目の原子爆弾が、長崎に投下された。

二発の原爆投下に、条約締結国の裏切り。日本の希望はいよいよ潰《つい》えた。日本はポツダム宣言を受け入れるが、問題はここからである。

先に説明した通り、ポツダム宣言は、日本政府に対しては条件付き降伏を申し出るものだった。ところが、日本を占領し、日本軍の武装解除を済ませたところで、アメリカは、日本が無条件降伏したことにしてしまった。

これに対して、日本が抗議できなかったのは、天皇陛下を人質にとられていたようなものだからだ。天皇陛下を東京裁判の被告人に仕立て、生命も保証しない、そう脅されれば、皇国の民としては、アメリカの言う通りにせざるを得なかったのである。

マッカーサーは、ペリーの再来か

史実から見て、先の戦争は日本から仕掛けたものではないと断言できる。

大東亜戦争以前、シャム王国（現在のタイ王国）、ネパール、日本を除く当時のアジア諸国は、すべて欧米諸国の植民地になっていた。

欧米諸国はアジアでの領土拡大を目指して戦争を行ったが、シャム王国とネパールはその欧米の陣取り合戦の緩衝地帯として、残されていたにすぎなかった。独立を維持する欧米に対抗することのできる国として、アジアに唯一存在していたのは、日本だけだった。

大きな視点でアジア史を見渡すと、江戸時代のペリー、そのまさに一世紀後に日本に対し降伏文書への署名を強制的に命じたマッカーサーの位置付けが明確になる。戦争の責任は第一義的に、アメリカにあった。日本人でもなく、アメリカ人でもない、イギリス人という客観的な立場から考えて、私はそう強く思うのである。

ペリーも、次の章で詳しく述べる占領期の日本をその手中に収めた連合国軍最高司令官、ダグラス・マッカーサーも、自己顕示欲に満ちた人物だった。

日本からアメリカへの降伏文書調印式が執り行われたのは、一九四五(昭和二十)年九月二日のこと。史実によれば、マッカーサーは、ペリーが浦賀来航時に掲げた星条旗(現物)を、メリーランド州・アナポリスにある海軍兵学校から、催しの当日に使うだけのために、わざわざ取り寄せた。

こうしたマッカーサーの言動を鑑みると、彼がペリーを非常に意識していたことをうかがい知ることができる。

ミズーリ号艦上にて、調印に臨む日本

戦艦ミズーリ号艦上において、降伏文書調印式は行われた。加えて、戦艦ミズーリ号が錨《いかり》を下ろした場所は、黒船艦隊のうちの一つである「サスケハナ」の投錨《とうびょう》地である。これが偶然の一致とは、私には思えない。

マッカーサーは、視覚的に強く印象付けるために、自分がペリーの再来であるかのようなパフォーマンスを行ったのだ。

アメリカ人は派手な演出が好きな人種である。ペリーの艦隊の星条旗を掲げることで、その悲願は、一世紀を隔てて達成された、と演出したのである。

第1章
敗戦から占領へ
――日本人はいつから日本を愛せなくなったのか

1945年
～
1949年

戦勝国が作り上げた「戦後レジーム」

一九四五年　アメリカによる日本占領の開始

欧米から向けられた歪んだ視線――戦後日本はどう映ったか

こうして日本は、半ばアメリカに誘導されるように、全面降伏となった。

その後、アメリカによる日本占領は、三年余りだった対日戦争の二倍以上、六年余りにも及ぶことになる。それほど時間をかけたのは、まず日本を物理的に打ち破ったことに加えて、精神的にも打ち砕くことを目指したからだった。

アメリカ占領下の日本は、どんな様子だったか。それを伝える文献は数多くあるため、ここでは、日本を熟知する英国人記者の視点から、当時を振り返ってみたい。

日本外国特派員協会は、私が半世紀以上にわたって、ジャーナリストとして活動してきた拠点だが、設立は、一九四五（昭和二十）年。日本占領と同時に発足した。マッカーサーが、日本の戦争犯罪者たちを逮捕、投獄し、裁判にかける。天皇陛下は、どうなるのか。東京ローズ（戦時中、日本が連合国軍側に対して行ったプロパガンダ放送の女性アナウンサー）は、どこにいるのか。従軍記者たちは、我先にスクープを狙って、東京を目指した。日本外国特派員協会は、発足当時、「トウキョウ・クレスポンデンツ・クラブ（東京特派員倶楽部）」と呼ばれた。

有楽町にあった頃の日本外国特派員協会には、壁に掛けられた多くの写真があった。過去の記者会見者や、この倶楽部で活動したジャーナリストたちだ。

その中の一葉に、座ってタイプを打っている男性に、書類を読みながら口述する男が、写っていた。連合国軍最高司令官ダグラス・マッカーサー元帥《げんすい》だった。

「有楽町」の頃には、ジャーナリストが取材に使う個室があった。そこには、硫黄島《いおうとう》の写真も掲げられていた。写真の中で掲げられている旗は、日の丸ではなく、星条旗だった。ここは、「連合国戦勝史観」を世界に布教する総本山でもあったのだ。

硫黄島では、激戦が繰り広げられた。

以前に対談をした国際政治学者の藤井厳喜《ふじいげんき》博士から伺ったが、米軍が必死に戦って星条旗を掲げても、翌日見ると日の丸が掲げられている。再び、激戦を繰り返して、日本軍を撃退し星条旗を掲げた。しかし翌日になってみると、また日の丸が掲げられている。硫黄島は日米両軍が死闘を繰り広げた戦場の一つだった。


日本外国特派員協会が発行した、『在日外国特派員』という本に、最初に出てくる写真は、丸の内会館にあった「東京特派員倶楽部」で、そこは「ナンバーワン・シンブン・アレー（新聞横町一番地）」と呼ばれた。日本外国特派員協会の会員機関誌の名前も、『ナンバーワン・シンブン（一番新聞）』だ。

本のページをめくると、次に出てくる写真は、空襲で焦土と化した東京の空撮。そして第一部のページをめくると、戦艦ミズーリ号の艦上で、日本が降伏文書に署名をする時の写真が掲載されている。

キャプションには「山高帽が外相の重光葵《しげみつまもる》、帽子を手にしているのが外交官の加瀬」とある。外交評論家の加瀬英明氏の父君、加瀬俊一《としかず》外務大臣秘書官である。当時の様子を、『在日外国特派員』（日本外国特派員協会刊）から、少し引用しよう。（オリジナルは英文。引用は、協会から出版された日本語版の翻訳をそのまま掲載する）

「八月二十八日、マッカーサー将軍の軍隊の前衛部隊が東京の南西三十マイル（四十八キロ）にある厚木飛行場に到着した。マッカーサー将軍は同三十日に着き、占領軍を指揮する連合国軍最高司令官（SCAP）として横浜の臨時司令部に入った。（略）

これらの前衛部隊とともに二百人の新聞記者やフォトグラファーたちが到着した」

「九月二日、東京湾に停泊中の米軍艦ミズーリの甲板上で行われた公式の降伏式典は象徴主義の典型だった。（略）この時「星条旗」（米国国歌）が

朝鮮前線視察に訪れたダグラス・マッカーサー

演奏される中で掲揚された米国国旗は、一九四一年十二月七日の真珠湾の日にワシントンの国会議事堂に掲げられた国旗だった（略）。この式典の会場には、一八五三年にマシュー・ペリー提督が日本との通商を求めて東京湾に艦隊を進入させた際に掲揚した米国国旗も掲げられていた」

当時のニュース送信は、モールス電信で行われていた。オペレーターが、モールス信号を短縮版の英文にし、デスクたちが、それを膨らませてニュース記事にしたものである。

日本から発信したニュースからは、東條英機《とうじょうひでき》元首相の自殺未遂事件や、天皇陛下や東京ローズとのインタビューが特筆されている。手元の資料を参照しながら、当時の様子を述べてみたい。

一九四五（昭和二十）年九月十一日に、SCAP（連合国軍最高司令官）が東條英機を戦争犯罪人として逮捕するため、東條邸にMP（憲兵隊）を派遣した。東條邸には、すでに記者やカメラマンが殺到していた。MPが現れると、東條は家の中に入り、三十二口径のピストルで自殺を図った。

自殺未遂事件以前の東條に最初にインタビューをしたのは、AP通信のラッセル・ブラインズ記者だった。前代議士の笠井重治《かさいじゅうじ》に引率され、世田谷区用賀町の東條邸を訪ねた。

ブラインズが「マッカーサーをどう思うか」と尋ねると、東條は「マッカーサーは、フィリピンで部下を置き去りにして豪州に逃げた。指揮官に相応《ふさわ》しくない行為だ」と応えた。通訳をしていた笠井があわてて、「閣下、まずいですよ。敵将ながらなかなかの人物、というくらいにしておきましょう」と言った。東條は、「適当にやれ」と答えた。


それが特ダネ「東條会見記」としてAP通信で配信された。このスクープがあったため、十一日に東條逮捕の命令が下ると、記者が東條邸に、殺到したのだった。

ブラインズ記者は、東久邇宮《ひがしくにのみや》首相に書簡で質問もした。

その回答が、九月十六日付の『朝日新聞』に一面トップで報じられた。タイトルは、「首相宮、米人特派員の質問書に、御自ら御返事」だった。内容は、「我々も原爆投下を忘れるから、真珠湾を忘れて欲しい。アメリカは勝ち、日本は負けた。戦争は終わった。互いに憎しみを去ろう」というものだった。

これにマッカーサーが激怒した。日本政府は、マッカーサーに対し「喧嘩両成敗《けんかりょうせいばい》」とか、「水に流す」などという日本的な心情を伝えようと試みたが、まったくの裏目に出てしまった。

マッカーサーは、「連合国はいかなる点においても、日本国と連合国を平等とみなさない。日本は文明諸国間に、地位を占める権利を認められていない。敗北した敵である」との声明を発表した。「文明諸国間」とは、もちろん、白人キリスト教世界のことである。

「天皇陛下は実に立派なお人柄である」

数日後、マッカーサーはアメリカ大使館で、幕僚と昼食を共にした。ホイットニー准将、ケン・ダイク准将、ボナー・フェラーズ准将、ソープ准将、さらに異例だったが、ソープ准将の部下のシドニー・マッシュバー大佐も陪席した。

マッカーサーは、「占領政策をスムーズに実行するには、日本人が我々に心底屈服することが大切だ。それには、日本人が納得するやり方があるような気がする。師団が降伏する時は、師団長が意思表示をするのが慣習だ。日本も同じだろう」と、さりげなく幕僚たちに語った。

昼食会は、その後雑談が続き、お開きとなった。一同が車へと向かって歩いている時に、マッシュバー大佐が、「マッカーサー元帥は、天皇が挨拶にくることを期待しておられるようですが」と、ソープ准将に近づいてつぶやいた。ソープ准将は、指を鳴らして同意した。

日本の歴史が始まって以来、天皇陛下が自ら出向いて挨拶をするということは、一度としてなかった。そうしたことは、日本国民にとってとてつもない衝撃だった。その心理効果をマッカーサーは、狙ったのである。

マッシュバー大佐は、「天皇と元帥との会見の打合せの際、日本側は、宮城（皇居のこと）から天皇の車が通る道路を、整備する必要があると提案してきた。しかし元帥は、『天皇にも交通難を味わわせろ』と言い、『それが嫌なら会見は延期する』と言った」と伝えている。

九月二十七日の午前九時五十五分、天皇陛下は皇居をご出発され、午前十時過ぎから三十八分間、マッカーサー元帥と米国大使館で会談された。皇居に戻られたのが、午前十時四十五分だった。

マッカーサーは、天皇陛下が直立不動で国際儀礼の挨拶をされるのを、ソファーに座って聞いていた。次の瞬間、驚くべきお言葉が続いたと、伝えられている。

「戦争の責任は、すべて私にある。文武百官《ぶんぶひゃっかん》は、私の任命するところだから、彼らに責任はない。私の一身はどうなろうと構わない。あなたにお任せする。しかしながら、罪なき国民が住むに家なく、着るに衣なく、食べるに食なき姿において、まさに深憂に耐えんものがある。この上は、どうか国民が生活に困らぬよう、連合国の援助をお願いしたい」

マッカーサーは驚いて立ち上がり、天皇を丁寧に椅子に座らせた。真のジェントルマンの姿に心を打たれ、最後は玄関まで見送った。

吉田茂は、後にマッカーサーを訪ねた時、マッカーサーが「陛下ほど、自然そのままの純真な、かつ善良な方は見たことがない。実に立派なお人柄である」と、感想を述べたと語っている。

天皇陛下とのインタビューに成功したのは、私の「先輩」記者ともいえる『ニューヨーク・タイムズ』紙のフランク・クラックホーンと、アメリカの通信社UPのヒュー・ベイリー社長だった。

二人は競い合うように、陛下のコメントを追っていた。ベイリーが陛下に会う予定時間の少し前に、クラックホーンは陛下への質問の回答書を受け取ることになっていた。クラックホーンは「先に記事を送れそうだ」と、言っていたが、陛下は先にUPのベイリー社長と会い、質問への回答書を渡してしまった。さらに、二十五分にわたってゴルフや野球、生物学について語られた。

日本のメディアが真実を書けなくなった日

一九四五年　GHQによる「極秘プレス・コード」の発布

GHQとジャーナリストの軋轢

東京ローズは、「枢軸《すうじく》サリー」（第二次世界大戦中に、ナチスの宣伝放送に従事したドイツの女性アナウンサーのこと）のアジア版として、知られていた。戦時中にNHKの海外向け英語ラジオ放送で、連合国の将兵をからかったり、じらしたりした。兵士を厭戦《えんせん》的な気分に浸らせ、故郷に残した恋人や妻や家族のことを、思い出す演出をしていた。「東京ローズ」というのは、アメリカのGIたちがつけたニックネームで、複数の女性アナウンサーがいたと言われている。戦後になって記者たちにその名を押し付けられたアイバ・戸栗《とぐり》・ダキノは、アメリカ市民権を持つ日系二世であった。このため国家反逆罪で、アメリカ政府に訴えられた。

『在日外国特派員』には、九月五日の日付で外国特派員のインタビューを受けるアイバ・戸栗・ダキノの写真が掲載されている。写真のキャプションには「戸栗は戦時中、『東京ローズ』の一人として東京から米軍向け英語放送を行ったかどで反逆罪で米軍に逮捕され、十八年間服役した」とある。写真は、横浜のホテルで撮られ、撮影は「米国陸軍」とされている。

「東京ローズ」の一人といわれたアイバ・戸栗・ダキノ

『東京ローズ』（サイマル出版会）は、当時の状況をよくルポしているので、抜粋引用しよう。

「一九四五年八月三十日午後二時〇五分、連合国軍最高司令官ダグラス・マッカーサー元帥は、神奈川県厚木飛行場へ降り立った。これに先立ち、同日早朝、沖縄よりアメリカ戦略空軍つき従軍記者が、数機のB17ですでに厚木に先着していた。

カーキ色の半袖シャツとズボンの軍服、ピストルを下げた彼らは一見普通の将兵と変わりなく見えた。しかし、よく見ると胸にアメリカ従軍記者のバッジをつけており、カメラや撮影機を手にしていた。彼らはそれぞれに新聞、通信社、放送機関の特派員として、前線より命がけで数々の戦闘ニュースを送り続けてきたつわものたちだった」


なかでもINS（インターナショナル・ニュース・サービス）のクラーク・リー記者はひときわ目立つ存在だった。六尺（一八〇センチ強）をゆうに超すすらりとした身長、日焼けした浅黒い顔に黒い髪、当時三十八歳のリーは、アジアとヨーロッパ戦線で種々の大スクープをものにし、国際花形記者として名を馳せていた。また戦前、AP通信にいた頃、日本駐在の経験があり、その時の従軍記者たちのなかでは日本通の一人だった。

リーの隣席には、彼とは対照的に、背丈が低い小太りの男が座っていた。頭がつるりと禿げあがり、酒焼けした赤ら顔に、立派な口髭をたくわえたこの男は、『コスモポリタン』誌特派員ハリー・ブランディッジ、当時四十八歳であった。ちなみにＩＮＳも『コスモポリタン』誌もイエロー・ジャーナリズム（発行部数などを伸ばすことを目的として、事実よりもより扇情的な報道を行おうとするジャーナリズム）として知られるハースト系に属する。この二人の間には、沖縄を出る前から、日本でのスクープを協力してやろうという約束ができていた。

いよいよ明朝、日本入りと決まった日の晩、ブランディッジによると、台風一過の沖縄で、二人は古い墓石を背に、月光を浴びて座っていた。その時どちらから言い出すともなく、「厚木に着いたらすぐ東京へ乗り込もう。そして東京ローズをつかまえよう！」という約束を交わしたという。リーはすでに二日前、ニューヨークの本社より「東京ローズを探し出せ」という電報を受け取っていた。「日本の無条件降伏に半信半疑で、厚木に着陸した時には皆殺しにあうのではと怯えながら彼らが日本へ第一歩をしるした」時の様子を、後にリーは法廷で生き生きと述懐してみせた。彼の著書『ふり返り見て』（One Last Look Around）にも詳細に記されている。

「私たちは八月三十日、まだ暗い午前二時過ぎに沖縄を発ち、夜が明けきらぬ厚木へ着陸しました」（リー証言。一九四九年七月十四日）

機上の記者たちは日本でのスクープを狙って興奮し、競争心をつのらせていた。しかし一方、捕虜になるぐらいなら死を選ぶ日本兵や神風特攻隊をいやというほど見てきた彼らには、二日前に先発隊が入ってある程度地ならしのできている厚木とはいえ、簡単に日本本土へ降りることが信じられず、疑惑と恐怖心で全員ずいぶん緊張もしていた。

ところが驚いたことに、木造の食堂に入っていった時に、「ハロー。リーさん、また日本に戻られてうれしいです」と白い制服のウェイターが話しかけてきた。見れば、かつて世界で最高のレストランの一つに数えられた帝国ホテルのグリルで顔見知りのウェイターではないか。日本政府は、ホテル従業員なら英語がある程度わかるとふんで、この進駐に備えて駆り集め、アメリカ軍が厚木に着いた時の便をはかっていたのだ。どこから探し出したのか、卵、トースト、バター、砂糖などを用意し、コーヒーまで沸かしてあった。また日本政府が集めた通訳のなかには、二、三人の戦前からの顔馴染みもいて、リーたちは今まで日本を敵国として戦ってきたことが、一瞬信じ難い気さえしたという。

戦前の日本を凌駕する言論統制

しかし、記者たちはこの朝食中もくつろがなかった。彼らの幾人かは旧知の日本人をつかまえて、いち早く日本の現状を探ろうとしていた。大空襲で焼け野原と化したという東京へ、誰もが一番乗りしたがっていた。

リーは、「厚木飛行場着陸の四、五時間後には、多数の従軍記者が東京入りしていた」と語っている。これは、第二次世界大戦におけるアメリカ従軍記者間の激しい競争をよく物語っている。

当時アメリカの新聞、通信社の数は現在とは比較にならないほど多く、種々の新聞が一日中入れ替わりニュース・スタンドに見られた。当然の結果、各紙は人目を引くために競ってセンセーショナルな大見出しを使った。各社間はいうに及ばず、同じ社内でも競争は実に激しく、誰もがスクープを狙って緊張していた。従軍記者もその例外ではなかった。

ＧＨＱ（連合軍総司令部）発表によると、リーたちが厚木入りした八月三十日より九月二日のミズーリ号における降伏文書調印式までに日本入りした連合国軍報道関係者は、少なくとも二百三十人以上いたといわれる。当時、東京でアメリカ軍関係が使えるホテルは帝国ホテルと新橋第一ホテルのみだった。

そのうち第一ホテルが記者たちに当てがわれていたが、もちろん間に合わず（すでに他に家や部屋を借りていた記者もいたが）、GHQは報道人が多すぎるとして、一カ月後には、東京駐在の記者を七十六人にしぼり、他の記者を強制的に締め出したため、大問題になったほどだ。

当時、特派員にとっては、どこに寝る場所を見つけるかが、焦土と化した東京で大きな問題だった。東京湾に停泊している軍艦の、空いた船室に泊まった者もいた。しかし、戦前に泊まっていたことがあると言って、結局は大半の記者が帝国ホテルに流れ込んだ。ところが、SCAPは帝国ホテルを将官の宿舎として押さえてしまった。

後に日本外国特派員協会の会長を三度務めたマンチェスター・ガーディアンのヘッセル・ティルトマンなどは、別格だった。記者たちの長老で、帝国ホテルの犬丸徹三《いぬまるてつぞう》社長に尊敬されていた。

従業員も、記者たちを歓迎したが、ある時陸軍の大佐がホテルの設備をチェックしに来た。記者たちは大佐に見付からないように、部屋から部屋へと移動した。結局は軍の知るところとなって、新橋第一ホテルに移されてしまった。

次第にSCAPと、記者たちの間に軋轢《あつれき》が生じてきた。ワシントンなどから佐官級の将校が、占領当局にどっと流れ込んできたことも背景にあるが、SCAPは、記者たちをあまり歓迎できないと公言するようになった。また日本人助手との連絡や、取材のために自由に建物に出入りしたりすることを、次第に規制するようになってきた。

偏向報道を生んだ「裏のプレス・コード」

GHQは、自らの行った言論統制などについては、報道してほしくなかった。報道というのは両刃の剣である。「官製報道」をただ単に流すだけでは、記者は満足できない。フィールドの取材を自由にしたいと思うのは当然だ。

日本の記者クラブのトップダウンの指令は、大本営発表の名残《なごり》か、記者は当局が「官製記者発表」をするのを、待って報道する。記者たちはまるで、他の新聞社やテレビの記者と、どこまで同じ記事を、同じぐらいの比率で報道できるかを、競っているかのようだ。

その意味では確かに、日本外国特派員協会が発足したのは、記者たちの反骨精神から、組合をつくったような側面もある。しかし、戦前以上の厳しい報道管制を、「極秘のプレス・コード」で要求しているなどとは、世界に発信されなかった。GHQへの要求は、主として労働条件だった。

当時、占領軍によって、どのような報道管制が敷かれていたか、ご存知の方も多いだろう。

戦前の日本よりも厳しい言論統制があったことを、今でも報道しないマスコミのために、そして日本の未来を担う若者や日本を海外に報じる外国特派員のために、ここであえてGHQの「裏のプレス・コード」を掲載する。

【削除および発行禁止対象のカテゴリー（8項目）】

1．SCAP（連合国軍最高司令官もしくは総司令部）に対する批判
2．極東国際軍事裁判批判
3．GHQが日本国憲法を起草したことに対する批判
4．検閲制度への言及

5. アメリカ合衆国への批判
6. ロシア（ソ連邦）への批判
7. 英国への批判
8. 朝鮮人への批判
9. 中国への批判
10. その他の連合国への批判
11. 連合国一般への批判（国を特定しなくとも）
12. 満州における日本人取り扱いについての批判
13. 連合国の戦前の政策に対する批判
14. 第三次世界大戦への言及
15. 冷戦に関する言及
16. 戦争擁護の宣伝
17. 神国日本の宣伝
18. 軍国主義の宣伝
19. ナショナリズムの宣伝

20. 大東亜共栄圏の宣伝
21. その他の宣伝
22. 戦争犯罪人の正当化および擁護
23. 占領軍兵士と日本女性との交渉
24. 闇市の状況
25. 占領軍軍隊に対する批判
26. 飢餓の誇張
27. 暴力と不穏の行動の煽動
28. 虚偽の報道
29. GHQまたは地方軍政部に対する不適切な言及
30. 解禁されていない報道の公表

当時SCAP（連合国軍最高司令官）の広報室（PRO）は、ラジオ東京（NHK）の中にあった。ラジオ東京ビルの二階に、SCAPは主要メディアのオフィスを開設させていた。

最高司令官マッカーサーが、メディアをコントロールし、世界に向けてプロパガンダを行おうとした意気込みが感じられる。

権力はいかにしてメディアを操るか

ラジオ東京ビルは、新橋第一ホテルから歩いて二、三分のところにあり、便利な立地条件だった。しかし、次第に第一ホテルに「中・大佐専用」と、張り紙が出されたり、軍も報道規制をするようになった。

GHQの広報将校のルグランド・ディラー准将は、日本と韓国に入る記者の数に「定員枠」を設けた。ディラー准将は、特派員たちを「安っぽいスポーツライターたち」と、批判していた。

英国人のジャーナリストなどは、この「定員枠」を、「差別的である」と問題にした。英国人記者の「定員枠」は、たったの四人だった。

十月五日、記者たちはラジオ東京ビルのワークルームで会合を持ち、東京特派員倶楽部を結成した。会長は、INSのハワード・ハンドルマン、第一副会長は、シカゴ・トリビューンのドン・スターだった。第二副会長は、CBSのウィリアム・J・

ダン、財務理事がUPのラルフ・ティートソース、書記がロンドン・デイリー・テレグラフのコーネリアス・ライアンという顔ぶれだった。

あわてたマッカーサーは、「定員枠」を、外すと言ったが、記者たちは「倶楽部の特派員を代表する委員会が納得するような、本来あるべき状態に置かれるまで、第一ホテルを出ることを拒否する」と、かたくなだった。

結果としてマッカーサーは、東京に来る報道記者が、正規の現役ジャーナリストであれば、誰であっても宿舎と食事を提供する、ということで、記者たちと合意した。

すでに、記者たちは丸の内会館が三菱地所にリースした赤レンガの五階建てのビルに入ることを、決めていた。前述の『ラジオ東京新聞』ビルのことだ。

地下は厨房。一階はラウンジ、食堂とバー。二、四、五階には個室の食堂があったが、それ以外の部分は、寝室に改造し、シャワーと洋式トイレを新設した。

先の戦争で日本は焦土と化し、日本国民は想像を絶する苦しみにあったが、外国特派員協会としては、「古き良き時代」だった。

非公式の倶楽部創立記念パーティーが行われた数週間後に、公式の夕食会とダンスパーティーが開催され、六百人以上が参加した。

ＡＰ通信のジム・ベッカーは、「ああ、あの頃は飲んべえたちがいたもんだ。ロビーで飲み、バーで飲み、自分たちの部屋で飲んだ。そう、昔のプレスクラブには、自分たちの居室があって、そこにいろいろなものを置いていた。軍服だとか、酒びん、そして女性をね」と懐古している。

倶楽部の会長を務めたこともあるＵＰのラザフォード・ボウツは、「プレスクラブの会員資格は、最初の十年間は、西側のコミュニティーの多くにとって、東京での社交生活の中心だった。特にアメリカン・クラブにいる外国貿易業者連中と一緒にいると落ち着かない、西側の外交官やプロフェッショナル（弁護士、コンサルタント）などプレス以外の西側の名士にとっては、誰もが欲しがる貴重品だった」と、述べていた。

欧米諸国が日本を陥れた茶番劇

一九四六年〜一九四八年　東京裁判

東京裁判は「裁判」ではない

一九四六（昭和二十一）年四月二十九日、アメリカ国務省から出され、統合参謀本部を経由して下された命令によって、マッカーサーは東京裁判を実行した。

これが「裁判」とは名ばかりの、欺瞞《ぎまん》に満ちたものであったことを、今こそ日本人は知っておくべきだと私は考える。連合国は、この「復讐劇」によって、東條英機をはじめとする七人を、「A級戦犯」として処刑した。しかし、これから述べていくように、「平和に対する罪」は事後法で、罪が成立するはずはない。

東京裁判は、容疑者の決め方からしてデタラメだった。当初は、「A」とされた容疑者が三十名いた。ところが二名減り、最終的に二十八名となった。厳しい容疑者認定によって、二名減ったと思いきや、その理由は、東京裁判が行われた市ヶ谷の講堂の被告席が、最大二十八名までだったからだという。スペースに合わせて、容疑者の人数を決めるいい加減さには、開いた口がふさがらない。

加えて言及すべきことは、証拠の取り扱いがあまりに杜撰《ずさん》だったことだ。通常、裁判では、宣誓供述書を証拠とし、ウソをついた場合は偽証罪に問われる。杜撰な証拠採用では、挙証責任を果たすことができない。

ところが東京裁判では、検察側（戦勝連合国側）は、虚偽でも構わない宣誓なしの供述書が受理された。偽証罪は問われない。一方、弁護側（日本側）は、裁判に提出した証拠書類の多くが、却下された。その理由については正当な説明がされていない。判事も、全員が戦勝国側の人間である。これでは「勝者の裁き」で、公正・公平な裁判とはとても言えない。

驚くべきことは、弁護側（日本側）に有利な弁護がされると、速記録の記録はしないように命令され、また英語への同時通訳は中断された。

判事の中で、国際法の専門家だったのは、インドのパール判事のみで、その他の判事は、レーリング判事を除けば、そもそも国際裁判の判事の任を担える経験と実力を持っていなかった。

東京裁判は、日本の戦時中のリーダーを「平和に対する罪」という事後法で、処刑した。しかも、戦争責任を個人に被せて、死刑にした。これは、まったく法の歴史をもてあそぶ行為である。

「A級」「B級」「C級」はカテゴリーにすぎない

今でも世界中のメディアで、東條英機ら東京裁判で処刑された容疑者は、「クラスA戦犯（Class A war criminals）」と大文字のAを使って表記されている。

しかし、もともとは、小文字の「a」だった。「A級戦犯」と大文字で表すと、戦争犯罪の中でも最も重い罪を犯したような印象を与える。ところが、もともとa、b、cは、単なるカテゴリーだった。罪の重さとは無関係なのだ。

ともあれ、世間的には「A級」という呼称が定着しているため、不本意ではあるが、本書でも便宜上、「A級」として話を進めよう。

さて、このいわゆる「A級戦犯」に関しては、現代においては首相や閣僚の靖國参拝の問題とからめて取り沙汰される。私に言わせれば、これは、まったくナンセンスだ。理由は大きくいって次の二つだ。

第一に、「A級戦犯」云々は、東京裁判でのことである。その東京裁判が、裁判として不当なものであれば、インドのパール判事が言うように、「A級戦犯」容疑者は、皆、無罪である。つまり、「A級戦犯」は、存在しないことになる。

東京裁判にて傍聴の家族を見上げる被告たち

第二に、いわゆる「A級戦犯」という罪の内容と、東京裁判での結果を冷静に考えてみたい。東條英機陸軍大将をはじめ七人の死刑囚は、実際にいかなる罪で裁かれたのかである。

東京裁判の容疑者は、五十五の訴因で起訴された。いわゆる「A級戦犯」とされた方々は、三つの罪について裁かれた。すなわちaの「平和に対する罪」、bの「通常の戦争犯罪」そしてcの「人道に対する罪」である。

「平和に対する罪」の真意

少々専門的になるが、重要なので、ここで五十五の訴因を列挙しておこう。最終的には、細かすぎるというので、十の訴因に集約されて判決が下された。次のようなものである。

【五十五の当初の訴因】

戦争遂行計画の包括

訴因1　1928〜1945年に於ける戦争に対する共通の計画謀議
訴因2　1928〜1945年に於ける満州事変に対する共通の計画謀議
訴因3　1928〜1945年に於ける支那事変に対する共通の計画謀議
訴因4　1928〜1945年に於ける大東亜戦争に対する共通の計画謀議

訴因5　1928～1945年に於ける日独伊三国同盟に対する共通の計画謀議
各交戦国毎の戦争の計画準備
訴因6　中華民国に対する戦争の計画準備
訴因7　米国に対する戦争の計画準備
訴因8　英国に対する戦争の計画準備
訴因9　豪州に対する戦争の計画準備
訴因10　ニュージーランドに対する戦争の計画準備
訴因11　加奈陀に対する戦争の計画準備
訴因12　印度に対する戦争の計画準備
訴因13　比島に対する戦争の計画準備
訴因14　オランダに対する戦争の計画準備
訴因15　フランスに対する戦争の計画準備
訴因16　タイ国に対する戦争の計画準備
訴因17　ソビエトに対する戦争の計画準備

各交戦国に対する戦争の開始

訴因18　中華民国に対する満洲事変開始
訴因19　中華民国に対する支那事変開始
訴因20　米国に対する大東亜戦争開始
訴因21　比島に対する大東亜戦争開始
訴因22　英国に対する大東亜戦争開始
訴因23　北部仏印進駐による対仏国戦争開始
訴因24　タイ国に対する大東亜戦争開始
訴因25　ソビエトに対する張鼓峰事件開始
訴因26　ノモンハン事件発生に依る国際条約協定違反

各交戦国に対する戦争の遂行

訴因27　満州事変以後の対中華民国戦争遂行
訴因28　支那事変以後の対中華民国戦争遂行
訴因29　米国に対する大東亜戦争遂行

訴因30　比島に対する大東亜戦争遂行
訴因31　英国に対する大東亜戦争遂行
訴因32　オランダに対する大東亜戦争遂行
訴因33　北部仏印進駐以後における仏国戦争開始
訴因34　タイ国に対する大東亜戦争遂行
訴因35　ソビエトに対する張鼓峰事件の遂行
訴因36　ソビエト及び蒙古に対するノモンハン事件の遂行

殺人及び殺人共同共謀の罪

宣戦布告前の攻撃による殺人

訴因37　1940年6月1日～1941年2月8日の間における殺人罪又は殺人計画・共同謀議の立案・実行の責任者
訴因38　米・英・比・オランダ・タイに対する上記責任
訴因39　真珠湾不法攻撃による米国軍隊及び一般人殺害

訴因40　コタバル不法攻撃による英国軍隊の殺害
訴因41　香港不法攻撃による英国軍隊の殺害
訴因42　ペトレル号不法攻撃による英国軍人（3名）の殺害
訴因43　比島不法攻撃による米及び比島軍隊及び一般人殺害

俘虜及び一般人の殺害

訴因44　1931年9月8日〜1945年8月2日の間における俘虜、一般人従務乗組員虐殺の計画共同謀議の立案・実行の責任者
訴因45　1937年2月2日以後の南京攻撃による中華民国の一般人及び非武装軍隊の殺害
訴因46　1938年10月1日以後の広東攻撃による中華民国の一般人及び非武装軍隊の殺害
訴因47　1938年10月9日における漢口攻撃による中華民国の一般人及び非武装軍隊の殺害
訴因48　1944年6月18日における長沙攻撃による中華民国の一般人及び非武

訴因49　装軍隊の殺害

訴因50　1944年8月8日における衡陽攻撃による中華民国の一般人及び非武装軍隊の殺害

訴因51　1944年11月10日における桂林・柳州攻撃による中華民国の一般人及び非武装軍隊の殺害

訴因52　1939年ノモンハン攻撃による蒙古及びソビエト軍隊の殺害

訴因52　1939年張鼓峰攻撃によるソビエト人民の不法殺害

通例の戦争犯罪及び人道に対する罪

訴因53　1931年9月8日〜1945年9月2日の間における米英仏加比中蘭ソ軍隊に対する戦争法規慣例違反の計画立案実行

訴因54　1941年12月7日〜1945年9月2日の間における違反行為の遂行命令・援護・許可による戦争法規違反

訴因55　1941年12月7日〜1945年9月2日の間における俘虜及び一般人に対する条約遵守の責任無視による戦争法規違反

集約された確定訴因10項目

訴因1　1928〜1945年に於ける戦争に対する共通の計画謀議
訴因27　満洲事変以後の対中華民国戦争遂行
訴因29　米国に対する大東亜戦争遂行
訴因31　英国に対する大東亜戦争遂行
訴因32　オランダに対する大東亜戦争遂行
訴因33　北部仏印進駐以後における仏国戦争開始
訴因35　ソビエトに対する張鼓峰事件の遂行
訴因36　ソビエト及び蒙古に対するノモンハン事件の遂行
訴因54　1941年2月7日〜1945年9月2日の間における違反行為の遂行
命令・援護・許可による戦争法規違反
訴因55　1941年2月7日〜1945年9月2日の間における俘虜及び一般人
に対する条約遵守の責任無視による戦争法規違反

ニュルンベルク裁判における国際軍事裁判所条例

極東国際軍事裁判、いわゆる東京裁判の前に行われたのがニュルンベルク裁判だ。そこでは、第6条で、「個人的責任」としてa項、b項、c項を挙げている。専門的だが、重要なので、紹介しておこう。

第6条　次に掲げる各行為またはそのいずれかは、裁判所の管轄に属する犯罪とし、これについては個人的責任が成立する。

a項――平和に対する罪
すなわち、侵略戦争あるいは国際条約、協定、誓約に違反する戦争の計画、準備、開始、あるいは遂行、またこれらの各行為のいずれかの達成を目的とする共通の計画あるいは共同謀議への関与。

b項――戦争犯罪
すなわち、戦争の法規または慣例の違反。この違反は、占領地所属あるいは占領地内の一般人民の殺害、虐待、奴隷労働その他の目的のための移送、俘虜または海上における人民の殺害あるいは虐待、人質の殺害、公私の財産の略奪、都市町村の恣意的な破壊または軍事的必要により正当化されない荒廃化を含む。ただし、これらは限定されない。

ｃ項——人道に対する罪

すなわち、犯行地の国内法の違反であると否とを問わず、裁判所の管轄に属する犯罪の遂行として、あるいはこれに関連して行われた、戦争前あるいは戦争中にすべての一般人民に対して行われた殺害、せん滅、奴隷化、移送及びその他の非人道的行為、もしくは政治的、人種的または宗教的理由にもとづく迫害行為。

以上である。

しかし、ａの「平和に対する罪」は「事後法」になるので法的には有罪とすることなどできない。罪刑法定主義に反することになるからだ。ｃの「人道に対する罪」は、ドイツによって行われた戦争犯罪を、戦勝国が裁く国際軍事裁判・ニュルンベルク裁判との兼ね合いで問われた罪であった。東京裁判では、この罪で「勝者の裁き」を行おうとして、特別に『裁判所条例』を設けた。しかし、有罪になった被告は、一人もいなかった。そう考えてみると、結果的に、「A級戦犯」を死刑にした罪は、bの「通常の戦争犯罪」という結果になってしまう。

実のところ、「a」項が事後法なので、実質的には「A級戦犯」全員がいわゆる「B級戦犯」（通常の戦争犯罪）で有罪となって処刑された。しかしである。現場の戦闘にかかわっていない、戦場にいなかった国家指導者が、どのような、通常の戦場での「戦争犯罪」を犯せたのであろうか。

知られざる東條英機の「人道精神」

「A級戦犯」とされた人物の中で、最も名高い東條英機は、その汚名のせいで日本人の間ですら「極悪人」というイメージが根強い。

だが、東條の英断によって、二万人ものユダヤ人の命が救われたことは、知っているだろうか。

もともと日本人とユダヤ人の間には、深い絆がある。大帝国だったロシアに、アジアの小国・日本が勝てるはずがないと、誰もが思っていたなかで、ユダヤ人が、戦費を用立ててくれたことは、広く知られている話だろう。

戦費調達を担っていたのは、時の日本銀行副総裁の高橋是清《たかはしこれきよ》である。日本の国債を売って何とか戦費を作ろうと、海外に赴いた。ところがアメリカでは完全に空手に終わり、日英同盟により好意的だったイギリスでも、投資となると誰もが消極的だった。結局、イギリスでは五〇〇万ポンドを引き受けてもらえたが、まったく足りない。

万事休すと思われたが、そんな高橋に思わぬ幸運が訪れる。

発端は、あるイギリスの銀行家が開いた晩餐会に参加したことだった。そこで隣席したアメリカ人から、日本人の士気の高さなどを尋ねられ、英語が堪能だった高橋は、懸命に説明した。

すると、そのアメリカ人が、翌日、高橋が滞在していたホテルを訪れ、日本国債を引き受けることを申し出てくれたのである。この銀行家こそが、ヤコブ・ヘンリー・シフ——ご存知の方も多いかもしれないが、ニューヨークで投資銀行を経営する、ドイツ生まれのユダヤ人だった。

ユダヤ人のネットワークは広範かつ強力だ。シフは、自身が五〇〇万ポンドの日本国債を引き受け、さらに、全世界のユダヤ人に呼びかけてくれた。こうして高橋は、シフとの出会いのおかげで、潤沢な戦費調達に成功したのだった。

その後、シフは日本に招待され、明治天皇から旭日大綬章《きょくじつだいじゅしょう》を授与され、外国の民間人としては初となる陪食も賜った。

以上は、日本人とユダヤ人の縁が結ばれた逸話として有名だが、先の大戦中に、日本人が、ナチスの迫害を受けている多くのユダヤ人を救った話をご存知だろうか。

「知っている」と思った人は、恐らく杉原千畝《すぎはらちうね》を思い浮かべたと思う。だが、もう一人、忘れてはならない人物がいる。それが、戦後に極悪非道なA級戦犯の汚名を着せられ、死刑にされた東條英機その人なのだ。

東條の話をする前に、まず樋口将軍として知られる樋口季一郎中将と、安江仙弘《やすえのりひろ》大佐について触れなくてはならない。

一九三〇年代末、二万人ものユダヤ人が、シベリア鉄道で満州国境に押し寄せていた。

当時、関東軍ハルビン特務機関長だったのが、樋口である。樋口は、関東軍参謀長に、ユダヤ人難民の入国許可を求めた。

その参謀長が、東條だった。入国を拒否すれば、全員が、ソ連によってドイツへと強制送還される。その先で何が彼らを待ち受けているかは、明らかだった。そこで東條は、「民族共協和と八紘一宇《はっこういちう》（初代天皇・神武天皇の詔にある一節で、「世界は一つの家」の意）の精神」に従い、二万人のユダヤ人の入国を許可したのである。その後、安江は、在満ユダヤ人の保護に尽力した。

この日本政府の対応に対して、ドイツ外務省からは、強い抗議が寄せられた。しかし東條は「当然の人道上の配慮である」として一蹴した。

ユダヤ人の入国許可を求めた樋口と、彼らの入国後に保護に尽力した安江は、『ゴールデン・ブック』（ユダヤ民族に貢献した外国人の名が記されたもの）に掲載され、顕彰されている。だが、そこに東條の名は、ない。ハルビンのユダヤ人社会のリーダーが、東條が果たした役割を知らなかったためである。

そもそも東條がユダヤ人の入国を許可しなければ、彼らの入国許可を求めた樋口の功績は成立しなかった。また、東條がユダヤ人の入国を許可しなければ、安江が、在満ユダヤ人の保護という功績を残すこともなかったのである。

独立国家の条件

前述の通り、東京裁判の訴因には「平和に対する罪」が揚げられていた。これは、一九二八年に結ばれた「パリ不戦条約（戦争放棄一般条約）」によって成立したというのが連合国側の主張だったが、こういう主張は、各国の国際法学者が認めていない。国際連合国際法委員会でさえも、否定している。

不戦条約は、従来の「決闘の法理」によって合法とされていた自衛戦争と、「不当な攻撃」による侵略戦争を区別しようと、試みたものだった。昔から騎士や、紳士の間では、名誉や意地のために決闘（duel）が行われてきた。国際法は、国家間の戦争も、そのような決闘になぞらえて考えようとした。軍隊と軍隊との間で行われる戦争を、合法とし、国家は、最も重要な権利として、戦争権を持つ、としたのである。

「国権の発動たる戦争」（war as a sovereign right of the nation）は、独立主権国家が、国際法上で有する最も至高かつ崇高な権利で、それは個人になぞらえれば、生存権あるいは正当防衛権となる。それを認めないのは、基本的人権違反となる。国家になぞらえれば、それは国家の独立主権であり、それは「国権の発動たる戦争」の権利を行使できることで担保されている。

この独立主権国家が持つ権利は、さらに開戦権と交戦権として行使されるのだ。国家は、「開戦権」を行使して、一方的な宣戦布告——戦争意思（aimus belligerendi）の相手国への伝達——により、対相手国との間に正式に戦争状態を起こすことができる権利を有している。

交戦権とは、平時に禁止されている次のことを、戦時下では合法的に遂行できる権利のことだ。

①敵国との通商の禁止、②敵国の居留民と外交使節の行動の制限、③自国内の敵国民財産の管理、④敵国との条約の破棄、またはその履行の停止、⑤敵国兵力への攻撃・殺傷、⑥軍事目標・防衛地域への攻撃・破壊、⑦敵国領土への侵入とその占領、⑧敵国との海底電線の遮断、⑨海上の敵船・敵貨の拿捕《だほ》・没収、⑩敵地の封鎖、中立国による敵地への海上通商の遮断・処罰、海上での中立国の敵国への人的物的援助の

遮断・処罰、等。

宣戦布告によって戦闘状態となった場合、敵国の領土への侵入とその占領は、前述⑦にある通り、「合法的な交戦権の行使」となり、この場合、国際法上「侵略」と言えるかどうかには、様々な議論があり得る。

たとえば、フィリピン、ビルマ（ミャンマー）、東インド諸島（インドネシア）等への日本の進攻は、アメリカ、イギリス、オランダなどの植民地という日本の敵国領土への侵入と占領である。私はイギリス人なので、「大英帝国に日本軍は侵攻した」と主張できる。

逆に日本側は、「自衛戦争であり、侵略戦争ではない」と、十分に主張できる。

独立主権国家は、自衛権として「戦争権」を有している。この観点からすれば、戦争を放棄するということは、独立主権国家であることを放棄するに等しい。また、戦争とは相手があることなので、一方的に戦争を放棄しようとしても、現実的に他国が侵略意図を持って日本に軍事進攻をしてきた場合、戦争を放棄したと思っていれば、戦禍を一方的に受けることになる。つまりやられっぱなしで、攻撃され放題となってしまう。

そのようなことを、独立主権国家の国民は、どこまで受け入れることが、できるであろうか。

もう一つ重要な概念として「自己解釈権（the right of auto-interpretation）」というものがある。

一九二八（昭和三）年、パリで締結された「戦争放棄一般条約」（パリ不戦条約）によって、自衛戦争（防御戦争）と侵略戦争（攻撃戦争）が区別され、侵略戦争（war of aggression）が違法化されたとされている。（違法化していないという学説もある。現実的には、東京裁判後も世界で戦争がなくなった時は今日までない。各国は「自衛戦争」を戦い続けている。法の実行性は、極めて疑わしい）

侵略戦争を行った国は、「国際不法行為責任」を負わせられることになっている。

パリ不戦条約は、その第一条において、締約諸国は「国際紛争の解決のために戦争に訴えることを非難し、相互関係において国策の手段としての戦争を放棄すること」を誓約した。

そこで重要になったのが、はたしてその戦争が「侵略戦争」であるか、「自衛戦争」であるかを、誰がいかなる基準で、判断するのかということだった。アメリカ国務長官ケロッグが言明したのは、実際には各国家が、「自己解釈権」を行使して、自ら判断するということであった。

つまり一九二八（昭和三）年のパリ不戦条約による「侵略」の国際法的定義は、未確定だったということだ。国際社会でまがりなりにも「定義」がされたのは、一九七四（昭和四十九）年十二月だった。

「戦争責任」は誰にあるのか

現行の世界体制であるユナイテッド・ネーションズ（連合国）、日本で言うところの「国際連合」の安全保障理事会が「侵略」をどう位置付けているかを、確認しておこう。

一九七四年十二月十四日に総会で採択した定義決議は、次のような内容だ。(ちなみに邦訳は、外務省)

第一条　侵略とは、一国による他国の主権、領土保全若しくは政治的独立に対する、又は国際連合憲章と両立しないその他の方法による武力の行使であって、この定義に定められたものをいう。

第二条　国家による憲章違反の武力の先制的行使は、侵略行為のいちおうの証拠を構成する。ただし、安全保障理事会は、憲章に従い、侵略行為が行われたとの決定が他の関連状況に照らして正当化されないとの結論を下すことができる。

第三条　次に掲げる行為は、いずれも宣戦布告の有無にかかわりなく、第二条の規定に従うことを条件として、侵略行為とされる。

a. 一国の軍隊による他国の領土に対する侵入若しくは攻撃、一時的なもので

あってもかかる侵入若しくは攻撃の結果として生じた軍事占領。又は武力の行使による他国の領土の全部若しくは一部の併合

b. 一国の軍隊による他国の領土に対する砲爆撃、又は一国による他国の領土に対する武器の使用

c. 一国の軍隊による他国の港又は沿岸の封鎖

d. 一国の軍隊による他国の陸軍、海軍若しくは空軍又は船隊若しくは航空隊に対する攻撃

e. 受入国との合意に基づきその国の領土内に駐留する軍隊の合意に定められた条件に反する使用、又は合意終了後の右領土内における当該軍隊の駐留の継続

f. 他国の使用に供した国家の領土を、右他国が第三国に対する侵略行為を行うために使用することを許容する当該国家の行為

g. 上記（右記）の諸行為に相当する重大性を有する武力行為を他国に対して実行する武装部隊、集団、不正規兵又は傭兵の国家による派遣、若しくは国家のための派遣、又はかかる行為に対する国家の実質的関与

第四条　前条に列挙された行為は網羅的なものではなく、安全保障理事会は憲章の規定に従いその他の行為が侵略を構成すると決定することができる。

しかし、これも常任理事国の拒否権が出されれば、それが認定される。つまり、安全保障理事会の政治的判断によって、左右されるということだ。その意味では、国際社会で厳密な法的概念としての「侵略」は、まだ確定的に定義されてはいないことになる。

ましてや、東京裁判が行われた一九四六年〜一九四八年の段階で、「侵略戦争」の定義は明確になっていない。

恐らく、すべての戦争当事国は、「我々は侵略などしていない。我々は自衛戦争を戦った」と主張するだろう。

日本も東京裁判では、「日本は自衛戦争を戦った」と訴えた。いわゆる「A級戦犯」として処刑された被告も、誰一人として「侵略戦争だった」などとは、主張していない。当然のことだ。

ところが戦後は一転して、日本は自ら、「侵略戦争だった」と主張している。「自己解釈権」は、それぞれの当事者にある。日本が「侵略戦争だった」と言えば、そうなってしまうのだ。

日本はいまだ「戦後」である

一九五一年　サンフランシスコ講和条約調印

サンフランシスコ講和条約は「誤訳」されている

二〇一五（平成二十七）年十二月十九日、私は国士舘大学で東京裁判について講演した。三百名のホールは満席で、立ち見まで出る盛況だった。私は通訳なしで九十分、英語で講演した。その後、休憩をして質疑応答となった。質問者の一人に「日本は、東京裁判を受け入れたと思うか」と、尋ねられた。

私の回答は、次の通りだ。

東條英機ら東京裁判の被告は、「自衛戦争」を主張し、結果として「死刑判決」を受けた。サンフランシスコ講和条約第十一条について、「日本は、講和条約十一条で

講和条約日本全権団がサンフランシスコに到着

『東京裁判を受諾している』から、日本は『侵略戦争』を認めた」と、大間違いをしている人が多い。

国会議員や、あろうことか、過去には、首相や政府の閣僚中にも、そうした主張をしてきた人物もいた。講和条約のそのような解釈は、「誤訳」だ。第十一条は、次の通りである。

“Japan accepts the judgments of the International Military Tribunal for the Far East and of other Allied War Crimes Courts both within and outside Japan, and will carry out the sentence imposed thereby upon Japanese nationals imprisoned in

Japan."

この英文は、「日本は東京裁判の『判決(judgments)』を受け入れ、日本で収容されている日本人受刑者の刑の執行を行う」という意味であって、それ以上でも、それ以下でもない。

国際法の専門家である佐藤和男青山学院大学名誉教授は、次のように指摘している。

「第十一条の規定は、日本政府による『刑の執行停止』を阻止することを狙ったものに過ぎず、それ以上の何ものでもなかった。日本政府は第十一条があったために、講和の成立後も、東京裁判の『判決』中の『判決理由』の部分に示された、いわゆる『東京裁判史観』の正当性を認め続けるべき義務がある、という一部の人々の主張には、まったく根拠がない」

日本は、たしかに東京裁判の判決は受け入れたが、「侵略戦争をした」と認めたわけではない。先にも述べた通り、戦争の解釈は当事者によって一八〇度変わる。「日本は侵略戦争をした国だ」という目を、外国人から向けられることもあるだろう。しかし当の日本が侵略戦争を認めていない以上、その国民たる日本人が、「私たちの父祖はかつて侵略戦争をした」などと考えるのは、まさに自虐史観にほかならない。

ＧＨＱの占領政策「ＷＧＩＰ（ウォー・ギルト・インフォメーション・プログラム）」によって、戦後の日本人は贖罪《しょくざい》意識を植え付けられた。いわば洗脳されてしまったのだ。

戦後の日本人は、「先の戦争は日本が悪いことをした。戦争に駆り立てた軍部が悪かった。戦時指導者が悪かった」と、責任をすり替えられ、洗脳されていることに気づいていない。

日本が真の意味で、堂々たる独立主権国家になるためには、この自虐史観を払拭することが必要不可欠だ。この意識を持ち続ける限り、日本は依然として「戦後」のままなのである。

東京裁判の正当化は、現代文明の冒瀆である

戦争は、講和条約の締結・発効をもって正式に終結する。

一九四五（昭和二十）年九月二日の戦艦ミズーリ号艦上での連合国との間での「降伏文書」（連合国側の命名）の調印は、ポツダム宣言の内容を条約化して、日本が停戦合意したもので、法的には「休戦協定」だった。

連合国は、ポツダム宣言で日本が合意した戦争終結の条件を、確実に日本に実行させるために、軍事占領行政を実施したのだ。

サンフランシスコ講和条約が発効するまでは、国際法的には日本と連合国は「戦争状態」を継続していた。つまり、東京裁判は、連合国が軍事行動（戦争行為）として遂行したのである。一九五二（昭和二十七）年四月二十八日の講和条約の締結で、初めて戦争は終結したのだった。

ここで、アムネスティ条項（amnesty clause）についても、言及しておきたい。

それは、簡単に言えば、国際法上の「恩赦」である。

国際法では、戦争それ自体は合法だが、戦争の手段・方法を規定する交戦法規に違反した者のみが、戦争犯罪人として戦時敵に捕えられ、裁判にかけられ処罰される。アムネスティ条項は、「戦争中に一方の交戦国の側に立って違法行為を犯したすべての者に、他方の交戦国が責任の免除を認める」効果を持つ。

国際法史上で有名なのは、一六四八年に三十年戦争を終結させたウエストファリア条約第二条がある。そこでは、戦争が始まって以来の言葉、記述、暴虐、暴行、敵対行動、棄損、失費を、「交戦諸国相互に、永久の忘却、大赦ないし免罪があるべきものとする」と規定している。「全面的忘却」——すべてを水に流すこと——の精神は、戦争が燃えたたせた国家間の憎悪を鎮めるために必要とされた。

サンフランシスコ講和条約第十一条が置かれた理由は、明らかである。第十一条の条文がないと、講和成立により、完全な独立を回復した日本政府が、国際慣習法に従い「戦犯裁判判決の失効」を確認し、連合国側が戦犯として拘束していた人々をすべて釈放する可能性もある。

アメリカとしては、そうした事態の生起を阻止したかった。

十一条は、国際法上の長い慣習にも反して、戦勝国の正義を独善的に顕示したものである。アムネスティ精神をないがしろにした怨念が感じられる。
講和条約案を議論した一九五一（昭和二十六）年九月のサンフランシスコ会議では、連合国側からも十一条に対して強硬な反対論が噴出した。

東京裁判自体が、悪質な国際法侵犯の事例として非難されるようになったのは、東京裁判で連合国側が、「不戦条約によって『侵略戦争』は犯罪——平和に対する罪——にされている」と独断で主張し、「日本の戦争は——少なくとも日本の『自己解釈権』の行使に於いては、『自衛戦争』と認められるにもかかわらず——『侵略戦争』である」と強弁して、東條首相（当時）以下の戦時指導者個人に、『戦争責任』を追及したことにある。

このようなことは、前例がなく、また実定国際法の許容するところではなかった。
これを支持することこそ、文明への冒瀆《ぼうとく》であり、復讐を合法とするようなものだ。
これでは戦争が終わるどころか、殺されたら、殺し返すという社会を認めるようなもので、「裁判所」すらいらない世界を生み出すことになる。東京裁判を受け入れることは、そういう社会を肯定し、支持することである。世界中の識者が、東京裁判を批判したのは、当然のことだ。

戦後レジームから日本が脱却するには

誤解をしてほしくない。私は決して反米ではない。ただ、日本を熟知する英国人ジャーナリストとして、真実を訴えているだけだ。

日米同盟は、重要である。ただ、「連合国戦勝史観」にとらわれ続けている今の日本は、本来の姿ではない。世界に日本のような歴史と文化と伝統を持った国はないと断言できる。その誇りを、取り戻してほしいのだ。

残念ながら、東京裁判から約八十年を経た二〇二〇（令和二）年の日本はいまだに、東京裁判の呪縛の中にある。

二十一世紀になって、もう二十年も経とうとしているというのに、裁判とは口ほどにも言えない、七十年前に行われた戦勝国による「復讐劇」によって、今の日本人が呪縛されている。

私は、マッカーサーによる東京裁判の呪縛から解き放たれることなくして、真に日本が復活・再興することはないと思っている。

私に与えられた使命は、イギリス人として、「目覚めよ、日本!」と訴えることであり、また英語で世界に対して、連合国戦勝史観の虚妄を暴いて示すことである。それが、日本人の妻を持ち、息子も日本社会で恩恵を受けている我が一家が、日本に報いる道だ。私は、そこにジャーナリストとして命を懸ける所存である。

第2章

アジア植民地時代の終焉と主権回復

――日本がアジアに残した偉大な足跡

1950年〜1969年

日本が塗り替えたアジアの覇権地図

一九五〇年　東南アジア諸国の独立（ベトナム、ラオス、カンボジア）

アジア諸国が日本に感謝する理由

ここまで述べてきたように、日本は「侵略戦争」をしたと言われるが、侵略をしていたのは、欧米列強だった。

私が学生だった頃の世界地図は、かなりの面積が誇らしげにピンク色に塗られていた。それらは大英帝国の支配下にあった国々だ。アフリカ大陸も大部分はピンク色、アジアも、日本とタイを除けばピンク色、もしくは、その他いくつかの欧米列強の色に染まっていた。

日本は、先の戦争を戦い、そして敗れた。しかし、敗北したとはいえ、日本の戦いはその後の世界地図を見事に塗り替えた。大英帝国のピンク色も、その他の欧米列強の色も次々と消え失せ、それぞれの国の本来のカラーになった。色とりどりの独立国家が対等に並び合う、新しい世界が誕生したのである。

先の大戦で、日本は多大なる犠牲を払った。アジア諸国が、それぞれのカラーに変わったことを考えれば、日本の犠牲は、アジア諸国解放のために差し出された生け贄《にえ》に等しい。日本人には、そんな同胞を心から誇りに思い、慰めてほしいと切に願う。

被支配国の国民を人間とも思わぬような、酷《ひど》い所業で搾取する植民地支配は、人類の忌まわしき歴史である。それが葬り去られ、人類平等の世界が実現された。ひとえに、日本国民が、アジア諸国を解放するために、大きな犠牲を払うこともいとわなかったためである。

日本軍は、欧米諸国の軍隊を排除し、アジア諸国が自ら独立できるよう援助をした。多くのアジアの国々が独立できたのは、日本兵が血を流し、アジアの同胞を助けたからだ。アジア諸国のリーダーも、民衆も、日本が先の戦争を戦ったことに、感謝をしていた。なぜか？　日本はアジアを侵略したのではなく、欧米の侵略・植民地支配から、アジアを解放するために戦ったからだ。独立の機運は、アジア諸国から、アフリカへも広がっていった。

何百年も、白人キリスト教国に支配されてきたアジア諸国は、独立闘争を繰り返してきたが、果たせなかった。それが、第二次世界大戦後、わずか五年で達成された。

一九四五（昭和二十）年
インドネシア共和国独立宣言（一九四九年独立）
一九四六（昭和二十一）年
フィリピン共和国独立【一九四三（昭和十八）年、日本、タイ、ドイツ、イタリアが独立承認】
一九四七（昭和二十二）年
インド共和国独立
パキスタン共和国独立
一九四八（昭和二十三）年

ビルマ共和国独立【一九四三（昭和十八）年、日本、タイ、ドイツ、イタリアが独立承認】
セイロン独立自治領成立【一九七二（昭和四十七）年、スリランカ共和国となる】
マラヤ連邦半独立国【一九五七（昭和三十二）年、完全独立】
一九五〇（昭和二十五）年
ベトナム、ラオス独立
一九五三年（昭和二十八年）
カンボジア独立

東南アジア諸国が、欧米による侵略、そして植民地支配から解放され、独立を果たせたのは、日本が大東亜戦争でアジアに軍事進攻をし、欧米列強の軍事力を排除したからだったのだ。すべてを語るには、紙面が限られているため、次から、フィリピン、カンボジア、インドネシア、インドを通じて、日本がアジア諸国において果たした役割を見ていこう。それはまさに「国際貢献」と讃《たた》えるに値する。

マゼランに歯向かったフィリピン人英雄

フィリピンは、十九世紀末からアメリカに支配されたが、それ以前はスペインの植民地だった。コロンブスがアメリカ大陸を発見したのは一四九二年、日本ではちょうど室町時代が終わり、戦国時代が始まった年にあたる。この頃スペインはポルトガルと争って世界征服に乗り出していた。

有名なマゼランはポルトガルで生まれ、二十五歳の頃、東回りの遠征隊に参加してマレーまで到達している。その後国籍をスペインに変えて、旗艦トリニダッド号と四隻の艦隊と二六五名の隊員を率いて一五一九年九月二十日、西回りの遠征に出発する。平和な大洋「パシフィコ」と自らが名付けた大海を、三カ月と二十日間かけて渡り、一五二一年三月十六日の夕方についにフィリピンに到着した。同年日本では、足利義晴が征夷大将軍に任命されている。

マゼランは、レイテ湾の入り口にあるスルアン島に錨を下ろした。ちなみにこのアンカレッジ、つまり投錨地はその四百二十三年後の一九四四年十月十七日に、太平洋戦争で対日戦を戦う米軍が、フィリピン攻撃の最初の上陸地点としている。もちろん、意図してそこを選んだのだ。

マゼランは翌日、レイテ湾に浮かぶオモンオン島に上陸、二十八日にはリマサワ島に上陸し、復活祭の日曜日である三十一日には「最初のミサ」を行っている。

その日の夕方、海を見下ろす丘の上に十字架を立て、マゼランはフィリピン諸島を「サン・ラザルス諸島」と命名した。フィリピンに到着した三月十六日が聖ラザロの安息日であったのがその理由だ。

聖なる使命の儀式が一段落したのであろう、四月七日、マゼランはセブ島に侵攻、沖合から一斉に大砲を発射した。こうした白人キリスト教徒の横暴があったから、ペリーの黒船艦隊が浦賀に来航した時も、江戸の衝撃は大きかった。黒船はシェル・ガンという世界の最新兵器を搭載した海軍の戦艦だったから、その脅威は極みに達した。

さて、マゼランは、武力で威圧して、その日のうちにセブ王フマボンと同盟関係を結ぶと、一気にキリスト教の布教を開始した。一日でフマボン王妃、皇太子を含め八百人余、数日のうちに二千二百人余の洗礼が行われた。

セブ島を攻略できたマゼランは、さらに近くの小島マクタン島へと触手を伸ばす。

部族長・ラップラップの肖像(写真:藤田裕行)

マゼランの肖像(写真:藤田裕行)

マゼランはセブ王に、もしセブ王に歯向かう者があれば、共に戦うと約束していた。
セブ王に従属するようにとのマゼランの通達に対してマクタン島の部族長ラップラップは、「私はいかなる王にも、いかなる権力にも従わないし、貢物もしない。もし我々に敵が向かって来るなら、我々もまた竹と棒で対抗する」と言って受け入れなかった。
怒ったマゼランは、部下六十名とフマボンの手下一千名を率いて四月二十六日の真夜中にマクタン島へ向かった。浅瀬と珊瑚礁のため海岸へ近づけないので、翌朝、マゼランは四十九名の銃兵を従えて海岸に近づき、一斉射撃を行った。

ところがラップラップ軍はいっこうにひるまない。銃声の度に盾で防ぎ、弾丸をよけながら矢を放った。そこでマゼランは、彼らの民家に火を放った。これがかえって勇猛なラップラップ軍の勇士の魂に火を点け、さらにラップラップ軍の攻撃は激化した。そしてついに一本の毒矢がマゼランの右足を貫き、これが致命傷となりマゼランは最期を遂げた。最後のとどめは部族長のラップラップがマゼランの首を切り落としたという。

一般的な歴史の記録では、世界一周の快挙に挑戦したマゼランは、太平洋を横断しフィリピンに至って、先住民に殺されたという話になっている。しかしこれは西欧の世界史から見た歴史観である。

マニラ市の中心街であるマカティ地区の目抜き通りには、ラップラップの部族長の大きな銅像が建っている。フィリピンの歴史の教科書では、「西洋勢力と戦って勝利したアジア最初の英雄」とか、「マクタンの戦いは、フィリピン人が外国の侵略者から島の独立を守ることに最初に成功した重要な記録である」などと、書かれている。フィリピンの歴史から見れば、部族長ラップラップは、英雄なのだ。

独立の出鼻をくじいたスペイン

その後スペインは、一五七一年にはルソン島のマニラに首都を建設したが、マニラはもともとイスラム教が盛んだった。そこに新たにキリスト教の首都を建設したのだ。ちなみに、フィリピンという国名は、日本の安土・桃山時代後期にあたる一五四二年に、スペインのフィリップ皇太子の名にちなんで付けられた。スペインの輝かしい侵略の象徴というところか。それからおよそ二百数十年にわたり、スペインは民衆を弾圧し、搾取する植民地政策を実施した。

その過酷な実情を小説にして訴えたのがホセ・リサールだった。彼は、ペリーの黒船艦隊が来襲した一八五三年の八年後、一八六一年に生まれ、一八八二(明治十五)年にマドリッド大学に留学し、医学博士号を取得した。

母系に日本人の血が流れるリサールは、一八八八(明治二十一)年に来日した。日本外国特派員協会の目と鼻の先にある日比谷公園には、フィリピンの独立を訴えたリサールの銅像が建っている。来日二カ月で、リサールは「おせい」さんという女性と、相思相愛になった。

一八九二（明治二十五）年六月にフィリピンに帰国すると、リサールは「フィリピン民族同盟」を結成、しかし四日後には国家反逆罪で逮捕。裁判にかけられ流刑にされた。民族意識を小説で高揚させるリサールを、宗主国スペインの出先だったフィリピン政庁は警戒したのだ。

「民族同盟」の幹部だったアンドレス・ボニファシオは、リサールの民族主義を、さらに実力行使による独立運動として展開すべくカティプナン党を設立、官憲の監視の中で秘密組織を飛躍的に拡大した。民衆が、独立運動を支持したからだった。

カビデ村の町長だったエミリオ・アギナルドとマラボンの学校長だったアルテミオ・リカルテはカティプナン党に入党し、幹部となって活動していた。

一八九六（明治二十九）年八月、カティプナン党は政府軍の弾薬庫を襲撃、独立革命が始まった。アギナルドは、地元の革命軍司令官として民衆を指揮してスペイン軍と戦った。リカルテもアギナルドを助けた。

スペイン政庁は、リサールを逮捕、軍事裁判にかけ、暴動首謀者としてマニラ市内の広場（リサール公園）で銃殺刑にした。ところが、このスペイン政庁の暴挙に、フィリピンの民衆が怒りを爆発させた。

革命軍は一八九七（明治三十）年に独立国新政府を樹立。アギナルドが大統領に、ボニファシオが内務大臣に就任した。

ところが、ボニファシオが独断的にスペイン軍に対し行動を起こすと、アギナルド大統領は、反逆罪でボニファシオを逮捕、軍法会議にかけ、同年五月、銃殺刑に処した。

スペインはアギナルド大統領に、革命を放棄すれば、百七十万ペソを支払い、フィリピン人を苦しめてきた「人頭税」を廃止する、と提案。アギナルドは、金を受け取って武装解除をし、自分は香港へ逃避した。

アジアをだまし討ちしたアメリカ

一八九八（明治三十一）年、スペイン領キューバで独立運動が起こった。アメリカは、キューバのトウモロコシ農業、タバコ産業の利権を守るために戦艦メーン号を派遣したが、スペインに撃沈されてしまった。

四月、アメリカはスペインに宣戦布告、米西戦争が勃発した。アメリカは、極東艦隊をフィリピンに派遣、スペインの「無敵艦隊」を撃破した。

アメリカ極東艦隊のデューイ提督は、マニラ湾に入ると、フィリピン独立軍を支援すると宣言した。アメリカ軍は、香港に亡命中のアギナルドを軍艦に乗せてフィリピンに連れ戻し、革命軍最高司令官とした。革命軍司令官だったリカルテ将軍は、アメリカを信じて独立戦争を戦い、ついにスペイン軍は敗退し、八月に首都マニラが陥落した。


ところが、いざフィリピン独立軍がマニラに入城しようとすると、アメリカ軍はそれを許さず、単独で入城した。独立軍は、フィリピン独立の大義が大切と考え、新首都をマロロスにし、新憲法も制定した。こうしてフィリピン共和国が正式に発足、アギナルドが大統領、リカルテが国軍総司令官に就任した。

十月にパリで米西戦争の講和会議が行われた。アギナルド大統領は特使を派遣し、フィリピンの独立を主張させようとした。すると、なんとアメリカは、それを拒否。講和会議では、アメリカのフィリピン領有が締結された。キューバも、この講和会議でアメリカの保護国とされた。つまり、アメリカが独立を支援するなど、真っ赤なウソで、フィリピン共和国など認めるつもりは、端からなかった。アメリカがスペインから植民地を略奪するための口実に、独立軍は、利用されたのだ。

その証拠に、一八九九（明治三十二）年二月、アメリカは意図的に、独立派と戦闘状態に入り、なんとアメリカ本土から八万の陸軍部隊を投入して、独立軍の殲滅にかかった。八万の部隊を指揮したのは、アーサー・マッカーサー。副官は、アーサーの息子で、後に連合国軍最高司令官として日本占領にあたったダグラス・マッカーサーだった。

たちまちルソン島全域は、アメリカ軍に制圧され、独立軍はゲリラ戦で対抗するしかなくなった。

「不敗神話」を破った国

マロロス共和国のマリヤン・ポンセ外相は、日本のアジア主義者宮崎滔天《みやざきとうてん》と親交が厚かった。そこでリカルテ将軍は、ポンセ外相を日本に潜入させた。

宮崎滔天は、頭山満《とうやまみつる》、犬養毅《いぬかいつよし》などと計らい、犬養から参謀総長・川上操六《かわかみそうろく》に話をもちかけた。アジア諸国の独立運動に理解と同情を示していた川上参謀総長は、快諾

頭山満　出典：憂国志士伝 軍人勅諭奉戴五十周年記念 国難打開自力更生

宮崎滔天　出典：三十三年の夢

した。

アメリカ国務省は日本外務省に、フィリピンへの武器密輸を取り締まるよう要請していた。青木周蔵外相は、フィリピンへの武器供与に猛反対だったが、川上参謀総長は、陸軍造兵局から大量の武器を、大倉組に払い下げた。大倉組はそれをドイツの商社に売り渡したことにして、フィリピン独立軍へ供与する算段だった。

五〇〇トンの石炭と三〇〇トンの武器弾薬は、上海に送る石炭と鉄道枕木と偽装して、三井物産の布引丸（一四四一トン）に積載され、一八九九（明治三十二）年二月に長崎港を発った。ところが、出航二日後に上海沖で大嵐に見舞われ、二月二十一日に沈没してしまった。

武器を得られなかったリカルテ将軍は、蛮刀で武装した特殊部隊で、アメリカ軍に切り込みをかけたものの、囚われの身となった。

リカルテ将軍と同志九十名は、軍事裁判にかけられ、グアム島へ流刑にされた。灼熱の下でコレラ、マラリアに侵され、三年で三分の二は死亡した。


一方のアギナルド大統領は、裁判にかけられたが、アメリカから「アメリカに忠誠を誓うなら釈放し、邸宅と年金を支給する」とのオファーを受け、司法取引に応じた。

一方のリカルテはアメリカに服従しない。そこでフィリピン米国政府は、リカルテを香港に追放した。すると九龍のバラックで「愛国社」を立ち上げ、機関誌「現代の声」を印刷発行し、密かにフィリピンに送った。すると、フィリピンの独立派同志や学生が「現代の声」に感化され、日本と帝政ロシアなどの情勢に着目するようになった。

リカルテは、日露戦争で日本が勝てば、アジアの有色民族は、欧米列強の白人による植民地支配に抵抗し、独立の機運が高まると感じていた。

一九〇三（明治三十六）年のクリスマスに、リカルテはカトリック神父に化けてフィリピンに潜入した。すると翌年、日本がロシアに宣戦布告、日本の優勢が伝わるとフィリピンの民衆は、歓喜に沸いた。

リカルテは、対米独立戦争の決意を固め、根拠地をバターン半島に置き、そこに聳《そび》えるマリペレス山を独立戦争の砦とした。

「テロリスト」のリカルテが潜入し、地下活動が広がったことを、アメリカ官憲も探知していた。千五百ペソの懸賞金に密告者が出て、「テロリスト・リカルテ」は、逮捕された。なんと、一九〇五（明治三十八）年五月二十四日。日本海で東郷平八郎元帥率いる連合艦隊が、ロシアのバルチック艦隊を全滅させる三日前だった。

アメリカ官憲は家宅捜索、テロ計画などの証拠書類を根拠に、独立派結社に突入し壊滅させた。

フィリピン独立の決定的なターニングポイントは、日本軍が一九四一（昭和十六）年にフィリピン各地に軍事進攻し軍政を開始した時だった。当時父親の後を継いでフィリピンにいたアメリカのダグラス・マッカーサー司令官は、「アイ・シャル・リターン」という有名な逃げ口上を残してオーストラリアへ脱出している。

日本がアジア諸国に残した偉大な足跡

一九四五（昭和二十）年八月十五日、日本は戦闘を終結、前述の通り、九月二日に戦艦ミズーリ号艦上で降伏文書に署名をする。フィリピン共和国が独立をしたのは、その翌年の一九四六年である。その独立の気概をフィリピンに与えたのは日本であった。フィリピン大学歴史学教授のレティシア・R・コンスタンティーノ氏は、その著書の中で「白人不敗神話の終焉」とタイトル付けをして次のように述べている。

「東アジアに対する日本の進出はいろいろの意味で解放的な力をふるったのである。日本帝国軍隊が香港、ビルマ、インドシナ、インドといった西側帝国主義の要塞を陥落させた素早さは、それまで白人は不敗と考えていた諸民族を驚愕させた」

白人の不敗神話を崩壊させたということで言えば、まず日露戦争の勝利が世界に与えた衝撃がある。しかし、コンスタンティーノ教授が指摘するように、「第二次世界大戦（日本側の正式な名称は「大東亜戦争」である）での日本軍の初戦での勝利が、白人の不敗神話という幻想を完膚なきまでに叩きつぶしたことがフィリピン人に大きな衝撃を与えた」と言えるだろう。

さらに日本は、アジア各国の民に民族自決の精神を育み、さらに具体的な軍事訓練を日本軍が施したことが、フィリピンをはじめアジア諸国の独立を強力に援助することとなった。

二〇一六（平成二十八）年一月末に、現在の上皇・上皇后両陛下がフィリピンを公式訪問された。日本とフィリピンの国交正常化六十周年を記念した行幸であった。フィリピンは大東亜戦争の激戦地で、ルソン島の二十万人を筆頭に、五十一万人という海外最多の日本人戦没者がいる。日本のマスコミの報道は、「フィリピン側の民間人の犠牲者は百十一万人」と対比して、まるで日本軍がフィリピンを攻撃して、大量の民間人犠牲者が出たかのような印象を与えていた。歴史の真実はフィリピンを防衛したのが日本。攻撃したのがアメリカ軍だ。

両陛下が日比の戦没者を慰霊されたことにご英霊も感極まったことだろう。フィリピンにおける犠牲者に思いを馳せ、私は、ふっと東京大空襲、広島・長崎の原爆投下を思った。フィリピンでも米軍は民間人大虐殺を行った点では、同じだった。いや、それ以上だと思った。

確かに、日本軍はフィリピンに進攻したが、戦った相手はフィリピン独立軍ではない。日本が戦った相手はアメリカ軍、そして敵将はマッカーサーだった。五十一万人の日本人、百十一万人のフィリピン人に対して非情な攻撃を行ったのは、マッカーサーが総指揮を執ったアメリカ側だ。間違ってはならない。

シハヌークが手本にした大和魂

一九五三年～一九六九年　アジアから世界に広がった独立運動

シハヌークが訴え続けた「日本人の美学」

その他の東南アジア諸国に目を移してみよう。

十九世紀中頃よりフランスの植民地だったカンボジアでは、一九四五（昭和二十）年三月に、日本軍によるフランスの武装解除を受けて、国王のシハヌークが独立を宣言した。ところが、その約半年後に日本が敗戦。シハヌークは制限付きでフランスの再支配を認める一方、自国の独立を訴えるために、アメリカなどの国々を歴訪した。

その結果、一九四九（昭和二十四）年には独立が認められたものの、それはフランス連合内での独立が認められたにすぎなかった。警察も軍事権もフランスが握っており、とうてい完全な独立とは言えない状態だった。

完全な独立を目指すシハヌークが、その姿勢を示すために離宮に籠ると、国内各地では反仏デモが巻き起こった。これに業を煮やしたフランスが、カンボジアの完全独立を認めたのは、一九五三（昭和二十八）年十一月のことである。

ところが、これ以降、シハヌークおよびカンボジアは波乱万丈の歴史をたどることになる。

フランスに完全独立を認めさせたことで「独立の父」となったシハヌークは、父に国王の座を譲って退位する。

その後、政治団体の総裁として総選挙で全議席を獲得し、カンボジアの首相と外相を兼任した。さらに一九六〇（昭和三十五）年に父の国王が亡くなると、国王の座を「空席」とし、自らが「国家元首」となって、采配を振り始める。その代わり、ロン・ノル将軍が、首相と国防相を兼任することとなった。

親米派だったロン・ノル将軍はアメリカの支援を受け、一九七〇（昭和四十五）年三月、反乱軍を率いてクーデターを起こす。外遊中だったシハヌークは国家元首を解任され、カンボジアを追われることとなってしまった。折しも冷戦の最中、シハヌークはソ連ともアメリカとも反目していた中国で、亡命政権を樹立することを選んだ。

私がシハヌークと会ったのは、その頃のことである。シハヌークは、金日成《きんにっせい》の食客として、年の半分は北朝鮮にも滞在しており、私が平壌郊外の金日成の宮殿（なお、この宮殿はシハヌークが北朝鮮のために建てたものだ）に招かれた際に、偶然にも会うことになったのだ。

シハヌークは、フランス領インドシナのプノンペン生まれである。私は記者としてフランスにも駐在していたため、フランス語も流暢に話せるが、シハヌークにフランス語で話しかけたら、「ムッシュー、あなたのフランス語は、美しい発音をされている。かすかにペルシャ訛《なま》りがありますね」と言われたのは意外だった。

当時は、ベトナム戦争の最中で、アメリカの圧倒的劣勢が伝えられていた。ベトナム戦争は、アジアの行く末を大きく左右する事案だったため、金日成とシハヌークは情報交換をしていた。金日成が、シハヌークに非常に細かい気遣いを見せていたことには驚いたが、それだけ、金日成にとって、シハヌークは、かけがえのない存在だったのだろう。

1990年、「カンボジアに関する東京会議」でのシハヌーク

シハヌークは、金日成と、その息子、金正日《きんしょうじつ》に、南アジアの国々が日本に感謝していることも暗に伝えていた。
一九六九年に、芸術好きのシハヌークが、平壌の撮影所で撮った「ボコールの薔薇」という映画がある。カンボジアを解放した日本軍を描いた映画である。
金日成の肖像に続いて、金日成をたたえる字幕。その後に本編冒頭として映し出されるのは、カンボジアの都市ボコールの沿道に民衆がずらりと並び、歓喜の声をあげて歓迎するなかを、日本軍が進駐する場面である。フランス軍司令部の屋上からはフランス国旗が引き下ろされ、代わりに日本国旗が掲げられる。

映画のなかで、日本軍は「解放者」として迎えられ、実に規律正しく振る舞っていた。日本軍を演じたのは、なんと北朝鮮の人民軍の兵士だった。日本軍の指揮官・長谷川一郎大佐は、シハヌークがみずから演じている。

日本軍とフランス軍の交戦で、フランスの司令官が戦死する場面もある。日本の軍人は、敵にも手厚い。丘の上で催された葬式には、長谷川大佐が参列し、地中に埋められるフランス軍司令官の柩《ひつぎ》を挙手の礼で見送る。

また、長谷川大佐の執務室の机には、天皇陛下の御真影が飾られている。日本への原爆投下を副官から知らされた大佐は、副官が去った後に、慟哭《どうこく》する。そして日本降伏の通知を受けると、恋人の家を訪れ、ピアノで「さくらさくら」を演奏するのだ。たいへん美しい映画であり、記憶に鮮明に残っている。

あくまでも映画ではあるが、第三者が描いた日本軍の姿は、一つの真実といえるだろう。何より、長谷川大佐をシハヌーク自身が演じていたことに、日本に対する感謝が表れている。さらに、敗戦を知った大佐の描き方を通じて、シハヌークは、戦争に敗れてもなお、日本の気高い精神は少しも損なわれないと訴えたのである。

独立宣言書の「8－17－05」に込められた意味

日本の戦いは、アジア諸国解放のための戦いでもあった。

現に、日本軍は、インドネシアで「PETA」という組織も創設している。PETAとは「郷土防衛義勇軍」の略称だ。隊員は三万八千人に上り、独立後にはインドネシア国軍の母体にもなった。独立時のスハルト大統領をはじめ、ウマル副大統領、スロノ国防相などなど、独立国家としての歩みを支えたリーダーの多くが、PETA出身である。

一九四五（昭和二十）年八月十五日に日本が敗れ、八月十七日にハッタとスカルノはインドネシアの独立を宣言した。戦勝国の報復を恐れる日本の、強い反対を押し切っての独立宣言だった。

インドネシア人にとって長年の悲願だった、この独立の日は「〇五年八月十七日」と記されている。ジャカルタの中心にあるムルデカ（独立）広場に、ハッタとスカルノの全身像とともに建てられている独立記念塔にも、独立宣言文に並んで「8－17－

05」と刻まれている。一九四五年八月十七日にハッタとスカルノが署名した「独立宣言書」(実物は独立記念塔に納められていたが、現在は一九四五年と書き換えられたニセの宣言文を表示している)を見ても、やはり日付は「8－17－05」だ。

見ての通り西暦ではないし、インドネシアで多数派のイスラム教の暦でもない。では何か。「〇五」というのは、実は日本の皇紀から来ている数字なのである。

皇紀は、神武天皇が即位された「紀元」から数えた年号を示し、西暦一九四五年は皇紀二六〇五年にあたった。つまりハッタとスカルノは、自国独立の推進力となった日本に感謝し、あえて皇紀を採用したのである。

独立の機運を後押しした日本

「〇五年八月十七日」(一九四五年八月十七日)に独立を宣言したインドネシアだったが、これで万事めでたしではなかった。日本の敗戦を受け、インドネシアの再植民地化を目論むオランダが、インドネシアに侵攻したのだ。

先にも述べたが、最初にオランダ艦隊が押し寄せた時、インドネシアは無抵抗だった。その後のオランダによる三五〇年にも及ぶ植民地支配に対しても、まるで羊のように従順だった。その記憶しかないオランダは、インドネシアを見くびり、最初のように再植民地化できると踏んだのだろう。

しかし、この時のインドネシアは、もう以前のインドネシアではなかった。すでに独立の気概が燃え上がっていたうえに、かつての日本による軍事訓練や組織運営を通じて、高い能力と強い精神力を兼ね備えていた。PETAが中心となって、今度こそ本当の独立のために、オランダと戦うこととなったのである。

それには武器が必要だったが、すでに降伏していた日本は、インドネシアに、公式に武器を供給できなかった。連合国軍の東南アジア総司令官と日本の南方総軍との間で、日本軍の武装解除を定めた降伏協定が結ばれていたためだ。

そこで日本軍は、インドネシア人に奪われた振りをしたり、故意に置き忘れたりすることで、インドネシアの独立軍に密かに武器を提供した。心底、欧米列強からのアジアの解放を願っての苦肉の策だった。

また、日本は、戦前・戦中に、海上封鎖によって本土が石油不足に陥っていたために、油田のあるインドネシアで航空兵を養成する目的で、初期練習機を多く運び込んでいた。これも、インドネシア独立軍で大いに用いられた。飛行機の操縦技術は、日本による軍事訓練で習得済みだった。

日本機であることを隠すために、胴体の日の丸は半分が白く塗りつぶされ、赤白二色のインドネシア国旗に見立てられた。また、練習機に爆撃装置は備わっていなかったため、飛行中の眼下のオランダ軍に、手づかみで爆弾を落とした。そんな俄《にわか》仕立ての「インドネシア独立軍機」は、今もジャカルタの軍事博物館に展示されている。

一九四九年十二月、ハーグ協定によって、主権は正式にオランダからインドネシア連邦共和国に委譲された。

インドネシアの独立戦争では、日本人も多く戦死した。日本の降伏後、インドネシアに残った日本兵は二千人ともいわれる。彼らはインドネシア人と共に独立のために戦い、およそ半数が戦死した。ジャカルタの郊外には、独立戦争で散った兵士たちが眠る「カリバタ英雄墓地」がある。そこには、インドネシア独立軍に身を投じた日本兵も多く葬られている。

日本の降伏後に、再植民地化を狙って元宗主国が侵攻したのは、インドネシアだけではない。ベトナムにも日本降伏後に、フランス軍が押し寄せたが、インドネシア同様、多くの日本人がベトナムに残り、ベトナム人と共にフランス軍と戦い、ベトナム独立の一翼を担った。

日本がイギリスの圧政を食いとめた

日本は、ベトナムだけでなく、インドに対しても、その独立に多大なる貢献をした。イギリスによるインドの植民地化は、一六〇〇年、東インド会社の設立とともに始まった。イギリス領は、マドラス、ボンベイ、カルカッタの各地へと東インド会社が設立されるのに伴って拡大し、さらに度重なる戦争によって、イギリスは一世紀以上の年月をかけて、着々と支配地域を広げていった。

先のインドネシアとは対照的に、インドでは、反イギリス民族闘争がたびたび起こった。なかでも有名なのは一八五七年～一八五九年のセポイの反乱である。

インド独立の指導者として知られるマハトマ・ガンジーが生まれたのは、そのセポイの反乱の終結から十年後の一八六九年。さらに後の一八九七年には、もう一人の指導者、チャンドラ・ボースが生まれた。その間の一八七七年には、インド全土をイギリスが直接統治するインド帝国が成立している。この二人の指導者は、イギリスによるインド支配が完成を見るなかで育った時代の申し子だった。

ただし、ガンジーとボースのスタイルは対照的だった。「聖者」を意味するマハトマの名の通りガンジーは無抵抗主義を貫き、一方、ボースは、力には力で対抗するという武闘派だった。そのボースを支援したのが、日本である。

ボースはドイツのヒトラーとも会見し、インド独立支援の立場を表明するように要請した。だが、ヒトラーの念頭にインド独立などなく、「インドの独立にはあと百五十年かかる」と突き放した。ヒトラーとしては、インドを反英勢力として利用したかっただけだ。ドイツはイギリスと対立はしていたが、同じ白人であり、アジアを見下しているという点では、イギリスと変わらなかったのだ。

しかし、同じアジアの国である日本は違った。先の戦争中、ボースは日本の支援を受けてインド国民軍(INA)を組織、司令官に就任し、イギリス軍と戦った。そのため、インドでは今でも「ネタージ(偉大な指導者)」と称され崇められている。

一九四二(昭和十七)年、時の首相・東條英機はシンガポール陥落後、「インドもイ

重光葵　出典：外交回想録

ギリスの暴虐なる圧制下から脱して、大東亜共栄圏に参加すべきだ」と、帝国議会で演説した。同年、インドでは、国民会議派が「イギリスよ、出て行け」と決議し、それを受けて大規模な反英デモ「八月事件」が起こった。デモに参加する群衆に対し、イギリスは上空から機銃掃射を行った。結果、九百四十人もの死者が出た。逮捕者は六万人にも上った。

その後、ボースは、日本の支援でインドを出発し、一九四三（昭和十八）年五月十六日に東京に到着した。到着早々、嶋田海軍大臣、永野軍司令部総長、重光外務大臣、そして東條首相と矢継ぎ早に要人と会談し、インドに向けたラジオ演説も敢行した。来日に際して、日比谷公会堂の壇上で、ボースが二時間にもわたって行ったスピーチは次のようなものである。

「約四〇年前、私がようやく小学校に通い始めた頃に、アジア民族である日本が世界の巨大な白人帝国のロシアと戦い、大敗させた。このニュースがインド全土に伝わると、興奮の波が全土を覆った。

インドのいたるところで、旅順攻撃や、奉天大会戦や、日本海海戦の勇壮な話によって、沸き立った。インドの子供たちは、東郷元帥や、乃木大将を慕った。親たちが競って、元帥や、大将の写真を手に入れようとしても、それができず、その代わりに市場から日本製の品物を買ってきて、〝アジアの希望の光〟のシンボルとして、家に飾った。

その間、インドの革命家たちは、どうして日本が白人の超大国を打ち破ることができたのか、学ぶために、日本を訪れた。

日本から、岡倉天心をはじめとする先覚者がインドを訪れ、アジアを救う精神を説いた。岡倉こそ、『アジアは一つ』と断言した、偉大な先覚者だった。

このたび、日本はインドの仇敵であるイギリスに対して、宣戦した。日本はわれわれインド人に対して、独立のための千載一遇の機会を与えてくれた。われわれは

チャンドラ・ボース。頭山満とともに（写真右から３人目）

それを自覚し、心から感謝している。

一度、この機会を逃せば、今後、一〇〇年以上にわたって訪れることはないだろう。勝利はわれわれのものであり、インドが念願の独立を果たすことを、確信している」

この言葉から、ボースがどれほど、日本の戦いに祖国の将来を重ね合わせ、独立を夢見ていたかをうかがい知れるだろう。

一九四三（昭和十八）年十月、ボースを首班とした自由インド仮政府が樹立される。シンガポールで開かれた大会で、満場の拍手で首班に推挙されてのことだった。イギリスのビクトリア女王が「インド帝国皇帝」として即位してから、六十六年目の出来事である。

そして同年十月二十六日、自由インド仮政府は、イギリスを含む連合国に対して宣戦布告。一九四四（昭和十九）年三月、インド軍と日本軍は、共にインパールを目指した。ＩＮＡ将兵と日本軍は、「チャロ・デリー！」（往《ゆ》け、デリーへ！）と大書した横断幕を手に、「往け、往けデリーへ！」と雄叫《おたけ》びを上げながら、インド・ビルマ国境を越え、インパールを目指した。ボースは「われらの国旗をデリーのレッド・フォートに掲げよ」と将兵を激励した。

こうして「インパール作戦」が始まるが、ここで尊い命が数多く「犬死に」に終わったという見方には疑問を感じる。理由は後述するとして、その前に、ぜひ触れておかなくてはいけない出来事がある。日本で開催された大東亜会議である。

目指したのは「アジア人のためのアジア」の実現

一九四三（昭和十八）年十一月五日〜六日、東京で大東亜会議が開催された。

日本の東條首相をはじめ、アジア諸国の首脳が一堂に会した。満州国からは張景《ちょうけい》恵《けい》国務総理、中国南京政府からは汪兆銘《おうちょうめい》行政院長、フィリピンからはラウレル大統領、ビルマからはバー・モウ首相、タイからはピブン首相の代理としてワイワイタヤコン殿下、そしてインドは、まだ独立を果《は》たしていなかったため、オブザーバーとしてチャンドラ・ボースが出席した。

今でこそアジア諸国の集う首脳会議は珍しいものではないが、大東亜戦争中の当時の時点では、有色人種によるサミットは、史上初であった。その最初の例となり、「アジア人のためのアジア」という崇高な理想を実現しようとした大東亜会議は、人種平等の扉をついに開いたという、日本史の輝かしい一ページである。

戦後の自虐史観の刷り込みによって、この歴史的偉業すらも、こんにちの日本では、「忌まわしい過去」として語られている。

だが、それこそが大きな誤解である。満場一致で大東亜共同宣言が採択されたのち、ボースは「この宣言がアジア諸民族のみならず、全世界にわたる被抑圧民族の憲章となることを願う」と訴えた。このボースの言葉が、当時の日本、および大東亜会議参加国首脳の切なる願いを物語っている。もう欧米列強の圧政には屈しない、そんな決意を共に固めたのが、大東亜会議だったのだ。

「アジア人のためのアジア」の理想は、大東亜会議で、実現に向かって大きく歩みを進めたかのように見えた。

しかし翌一九四四（昭和十九）年三月に始まったインパール作戦では、食糧弾薬の補給が続かず、わずか三カ月後の六月には総崩れとなり退却を余儀なくされる。他の地域でも日本は圧倒的劣勢に立たされていった。同年七月にはサイパン島をアメリカに奪われ、九月にはペリリュー島、グアム島、テニアン島と、太平洋の島々に次々と軍事侵攻をされてしまった。

しかし日本と共に戦っていたボースは希望を捨てなかった。同年十一月に再来日したボースが、再び日比谷公会堂で行った講演会では、「アジアに住むインド人は、人的、物的資源を総動員して、日本と生死を共にする」と堂々と言ってのけたのだ。

そして一九四五（昭和二十）年八月十五日、ついに日本は降伏するが、ボースは敗れなかった。ボース自身は、バンコクに移動させていた師団をデリーへと進撃させる作戦の最中に事故死するが、その志は引き継がれ、インド独立へと結びついたのである。

反英戦争に打って出たＩＮＡ将兵たちを、イギリスは反逆罪で裁くことにした。ところが一九四五年十一月五日に裁判が始まると、不法な裁判の即時停止や被告の即時釈放、インド統治権のインドへの返還、イギリス人の引き揚げを求める抗議運動が、自然発生的に巻き起こった。

裁判が行われていたレッド・フォート近辺では、イギリス人指揮官が警官隊に発砲を命じ、数百人が死傷したが、インド人の勢いは止まらなかった。

抗議運動は、インド全土へとたちまち拡大し、ボースの出身地であるカルカッタでは、十万人もの群衆が、イギリス軍を恐れもせずに集った。結果、群衆に対応しきれなくなったイギリスは、一九四六（昭和二十一）年一月三日、被告への刑執行の停止に追い込まれたのである。

釈放されたＩＮＡ将兵たちは、万雷の拍手と大歓声に迎えられた。だがイギリスは、なおもインド人を裁くことに固執し、「イギリス人に対する非人道的犯罪について裁く」と言い出した。過去数百年にわたり、インド人を非人道的に扱ってきたイギリス人が、どれ程の正当性をもって主張できるのかという話である。

これに対しても、当然のように、抗議運動が巻き起こった。カルカッタで警官が発砲し、十九名の死者が出ると、今度はＩＮＡ将兵が改めて立ち上がる番だった。彼らは軍港や兵営でイギリス国旗を引きずりおろし、なかにはイギリス軍との銃撃戦に発展した者もいた。

インド人による抗議運動が続くなか、イギリスは、一九四六年二月七日に、ニューデリーで「対日戦勝祝賀パレード」を行う計画を立てた。

計画は、一万五千人ものイギリス人将兵が、東南アジア連合国軍最高司令官とインド総督の観閲を受けるという壮大なものだったが、いざ当日になってみると、ニューデリーには、祝賀ムードのかけらもなかった。

全戸には弔旗が掲げられ、商店も工場も学校もすべて休みとなっていた。そればかりか、数万人規模の反英デモが行われた。なかには、手製の日章旗を振っているインド人も見られた。イギリス人が、ことさらに祝福する「対日戦勝」は、インド人にとっては、弔旗を掲げ、悼むべきものだったのだ。こうした様は、残念ながら、ＧＨＱの統治下で厳しい報道管制が敷かれていた日本で報じられることはなかった。

インパール作戦は、もとより無謀な作戦であり、多くの兵士が犬死にした天下の愚策といわれている。しかし、歴史の見方を転じれば、インパール作戦にも大義があり、多くの命は失われても、その大義は失われず、最後まで貫かれたとも読み取れるのだ。

最大の指導者のボースが志半ばで命を落とし、インパール作戦が潰えても、インド人たちは、自らの力でイギリスに反旗を翻すことを選んだ。そして一九四七（昭和二十二）年八月十五日、インドは二百年にも及ぶ植民地支配から脱し、独立を勝ち取ったのだ。

レッド・フォートにおける報復裁判で、インド側の弁護団長を務めたデサイ博士は、インドの独立後に次のように語っている。

「日本軍がインド国民軍を編成して、武器をとって進軍させてくれた。この進軍がインド全土における国民運動につながり、イギリスに独立を認めさせる契機となった。インド独立をもたらしたのは、日本軍である」

独立までの過程に関して、どれほどインド人が日本軍と志を共にし、また、日本に対して恩義を感じているか。この言葉からうかがい知ることができるだろう。

第3章

高度成長期の光と影

——戦後日本と三島由紀夫

1970年
〜
1975年

敗戦から高度成長期へ

一九七〇年　三島事件

戦後日本と三島由紀夫

　ここまで、東南アジア・東アジア諸国と日本との関わりから戦後史を概観してきた。本章では、再び国内に目を転じ、私自身大変親しくさせて頂いた作家で、戦後日本から現代に通じる問題提起を行った三島由紀夫が、戦後史に残した足跡について述べてみよう。

　いつの時代にも、世界に名の知られたジャーナリストは存在する。私も、世界的な大新聞の東京支局長として、時代のニュースを記事にしてきた。しかし、三島由紀夫との縁を抜きにして、やはり私の人生は語れない。いや、三島由紀夫の人生を語らずして、戦後史を語ることはできない。

五年程前のことだが、外国特派員協会のジャーナリストらの間で、批判めいた噂が流れた。「外国特派員協会で講演をしてもいいが、ヘンリーが司会なら、やらない」と、そうドナルド・キーン氏が言っているというのだ。

自衛隊のバルコニーで憲法改正を求める三島由紀夫

キーン氏（二〇一九年二月死去）が日本に帰化した時に、外国特派員協会で講演した。会見席についたのは、キーン氏と私だった。私が司会役を務めた。

拙書『英国人記者が見た連合国戦勝史観の虚妄』（祥伝社）が一〇万部を超えるベストセラーとなって、マスコミで話題となった。すると共同通信が、事件のように本を記事にして配信し、日本中、世界中の新聞で報じられた。お陰さまで、本の存在は広く知れわたった。『ジャパン・タイムズ』では、二日にわたり一面トップを飾った。ジャーナリストとして、ずいぶん記事を書いてきたが、記事のネタにされて、悪意ある報道がどのようなものか、体験できた。まあ、三島の知名度には、はるかに及ばないのは確かだが。『東京新聞』でコラムなどを書いているキーン氏と、歴史認識で対立するような面もある。共同通信の記事をキーン氏がどう思っているのか、気がかりではあった。

そこで、直接キーン氏にメールをした。一部の外国特派員らに流れたのは、噂にすぎなかった。キーン氏は、私の主張の故に、私との人間関係を断絶するようなことはない。

外国特派員協会では、真っ向から対立する記事を書いている記者が、場を共にしている。戦争をしている国同士で、一緒に取材して、記事を発信している。まあ国連や国会と同様だ。

日本の新聞記者は、皆が同じような記事を、同じように書こうと努めているかのようだが、私は、他の人と同じような記事は書きたくない。

高名な写真家のブルース・オズボーン氏が、「キーン氏から、下田のレストランで三島由紀夫とヘンリーと、一緒に食事をしたと聞いた」と言っていたそうだ。ハッとした。

外交評論家・加瀬英明氏と私の共著『なぜアメリカは、対日戦争を仕掛けたのか』（祥伝社）に、当時のことを書いた。元の原稿を転載しよう。

一九六九（昭和四四）年、つまり三島由紀夫の市ヶ谷での自決の一年前のある夏の夜に、私は下田でのディナーに招かれた。三島は、よく夏のひとときを下田で家族と過ごしていた。私は三島と、そうした家族的な場での交流もあった。その夜は、三島は海を見下ろすちっぽけなみすぼらしいレストランを予約していた。

二人の足元で波が砕け散り、あのふなむしという小さな醜い昆虫が私達の裸足の足の回りをちょこちょこと走り回っていた。

メニューは新鮮な伊勢海老だった、二人でよく冷えたビールと日本酒で、その海の幸を堪能した。

食事を終えてタクシーで帰ろうとすると、三島が追いかけてきて、「ホテルまで送ろうか」と私に声をかけてくれた。

「お願いします」と私は応じた。

「どこに泊まっているんだい。運転手には、何と言ったらいいかな」と三島が尋ねたので、私は「黒船」とハッキリとした口調で答えた。

すると三島は、「どうしてそんなところに泊まっているのか……」と、吐き捨てるように言った。

「どうしてそんなところに泊まっているんだ……」と、もう一度質問を繰り返した。

不愉快に思っているんだなと、そう私は気づいて、「ただ君をからかいたかっただけだよ」と応じた。

英語でペリーに関する本を出版する予定があったため、かねてより私はペリーについて調査をしてきた。

そうした作業の中で、五十年の歳月を経て、いま、あの夜の三島とのやりとりを、はっきりと思い出すようになっていた。

けばけばしい色のタクシー、夜の街の灯、レストランの外に吊るされた提灯《ちょうちん》、波の音とその波が砕け散る音、「黒船」旅館の薄暗く陰気で近づき難いような外装、三島ともう少し話したかったという思い、日本の分岐点で、まるで交通監視員であるかのように振る舞う三島の姿。

いったい三島がそこまで忌み嫌い、蔑《さげす》む黒船とは何なのか。改めて私は当時のことを思い返してみた。


三島はアメリカに敵対心を持っているのではなかった。敵対心などとはほど遠い。三島の主要な本は、アメリカでその訳本が出版されているし、そもそも新婚旅行先もアメリカだった。

だから三島が反発したのはアメリカにではなく黒船そのものに対してであり、それがただ米国海軍だからというのではなかった。

当時、私は三島の思いがよくわからなかった。というより、まったくもってわからなかった。三島の考えを云々できる程に日本についての知識も持ち合わせていなかった。三島が忌み嫌った黒船とはいったい何であったのだろうか。


私は、本書で述べてきたペリーの黒船艦隊の来襲を、「レイプ・オブ・江戸」と、そう認識している。これは私の想像ではあるが、三島も同様に思っていた部分もあるのではないか。

二百六十年にわたり平和を保った江戸時代は、武士道を精神性を高める哲学にまで昇華し、庶民文化を繁栄させた。その江戸時代の日本を不法に侵犯したのが、ペリーの黒船だった。その西洋列強、そしてアメリカの有色人種に対する横暴、侵略。そうした姿を、三島由紀夫は「黒船」に象徴させていたのだ。

だからあの時、三島は私が「黒船」という旅館に泊まっていると答えたら、嫌悪を露わにしたのだ。

いま私は、「ゆきお、君がなぜ不機嫌になったのか、いまやっとわかるようになった」と、そう伝えたい。

日本が、マッカーサーの「連合国戦勝史観」によって糾弾され続けている限り、君の憂国は、終わらない。

天皇のご存在という論点

拙書『英国人記者が見た連合国戦勝史観の虚妄』が出版される前だった。私は靖國神社で講演を聞いた。
二〇一三（平成二十五）年六月九日、当時は皇太子だった天皇陛下と皇后陛下のご成婚二十周年の日にあたった。靖國神社では、「昭和天皇の昭和二十一年元旦の詔勅と三島由紀夫」という演題で、「みことのり普及の会」会長で、國學院大學教授の茂木貞《さだ》純《すみ》氏が、講演した。その時に改めて、天皇の『人間宣言』について、再確認ができた。

この詔書には公用文としての題名はない。「件名」として「新年ニ当リ誓ヲ新ニシテ国運ヲ開カント欲ス国民ハ朕ト心ヲ一ニシテ此ノ大業ヲ成就センコトヲ庶幾フ」（官報目録）或いは「新年ヲ迎フルニ際シ明治天皇ノ五箇条ノ御誓文ノ御趣旨ニ則リ官民挙ゲテ平和主義ニ徹シ、新日本ノ建設方」（法令全書）と付与されているのみなのだ。

それを「天皇の人間宣言」と呼んで、占領下で報道し、また戦後の教科書がそう教えた。

実際には、「天皇と国民との間の絆は、常に相互の信頼と敬愛とによって結ばれ、単なる神話と伝統とによって生じたものではない。天皇を現人神《あらひとがみ》として、かつ日本国民を他の民族に優越する民族として、それだから世界を支配するべき運命を有しているなど架空の観念にもとづくものではない」と、述べられたにすぎない。「現人神の天皇や優越民族が、そのことを根拠に、世界支配をしようとした」などと、荒唐無稽とも言うべきGHQの認識を、堂々と否定されたのだ。これは、天皇の「GHQ妄想史観の否定宣言」とでもいうべき詔《みことのり》だ。

三島は、「現人神」としての天皇を否定する世の風潮に警鐘を鳴らすために、『英霊の聲』を著したのだ。

マッカーサーが天皇にいわゆる「人間宣言」をさせたのは、実に次元の低いことでもあり、浅薄なことだった。

「などてすめろぎは人間となりたまひし」

三島の小説『英霊の聲』は、天皇陛下が「人間宣言」をしたなどと宣伝する世のマスコミへの痛烈な批判でもあった。唯々諾々《いいだくだく》とそのようなことを許した臣下への批判でもある。

三島は、天皇陛下のいわゆる「人間宣言」を、マッカーサーや占領軍と一緒になって歓喜して受け入れる国家と国民の在り方に、警鐘を鳴らしたのであった。神話の時代から続く天皇陛下というご存在と、日本という国の在り方に照らして、道を誤っているのではないか、という問題提起だった。三島は、それを文学作品『英霊の聲』に託して世に訴えようとしたのだ。

そこに三島の命を賭しても守るべきものがあった。「国体」と言ってもいいかもしれない。それを守ろうとして、三島は自衛隊の市ヶ谷駐屯地で自衛隊員たちに決起を促し、そして行動をもってその精神を体現しようとして、死を選んだのだった。

命と引き換えでも守ろうと思うものがなかったら、三島は死ななかった。死ぬ必要もなかった。人気作家で、経済的にも豊かだった。ノーベル賞作家の候補としても名が挙がり、多くのファンや支持者がいた。

しかし、「国体」という一点が、三島を捉えて離さなかった。論壇や文壇での言葉の世界のことではなく、現実に命を失っても守るべきものの、行動としての、生き様としての体現であり、表現である。三島は、それを示したかった。ただそれだけのことである。「などてすめろぎは人間《ひと》となり給ひし」という『英霊の聲』は、三島の魂の奥底からの叫びでもあった。これは、作品の中では呪詛《じゅそ》ともとれる強烈な叫びとして表現されている。実に、強烈な内容の訴えだ。

昭和天皇が崩御《ほうぎょ》され、その国葬があった日に、私は一人の人物を、麻布の自宅に訪ねた。雨が降っていた。三島と親しかったその人物と、ひとときを共にしたかった。彼は私を彼の書斎に通してくれた。経営者でもあり、詩人でもあった。数多くの著書を出版していた。

一緒に座って、同じ気持ちを分かち合いたかった。二人とも、精神的な感慨を感じていた。私たちは、一緒に三島の『英霊の聲』の一文、「などてすめろぎは人間《ひと》となり給ひし」を繰り返して声に出した。私の日本語力はつたないものだが、この一文には力を感じた。日本学者のエドワード・サイデンステッカー氏もそうだった。この一文の持つ不思議な力に魅了されていた。私と同じく一風変わった知日派外国人だ。

私が誰に会ったか、想像がつくだろうか。私が会ったのは、堤清二《つつみせいじ》氏だった。堤氏は、三島文学の理解者だった。そして三島自身が私に「尊敬に値する経営者が日本に一人いる。たった一人の面白い男だ」と、そう、堤清二氏のことを語っていた。
故・堤清二氏はセゾングループの創始者だった。父は有名な「ピストル堤」、弟の義明氏は、西武鉄道を率いていた。野球の西武ライオンズのオーナーでもあった。

加瀬氏は、三島の行動を非難する。その理由もよく知っている。「自衛隊の市ヶ谷駐屯地に侵入し、卑劣にも武人である総監を騙して縛りあげた。クーデターを企てたのだったら、六本木の防衛庁の長官室を占拠すべきだった」と、そう批判する。しかし、三島が檄文などで訴えていることは、加瀬氏が言論活動を通して訴えていることと、一脈通じている。戦勝国の占領支配から、歴史ある主権国家として、天皇を戴く国家として、「国体」を取り戻さなくてはならないということだ。

外国人は三島の価値観を様々に受け止めている。三島は外国人にもわかりやすい形で、価値観を小説にし、さらに表現する手段として決起をした。私は、三島は真剣だったと思う。希代の小説家として文章で訴え、その価値観を行動でも表現した。類例のない人生を、主体的に生きた人だったと信じる。三島のような男は、他にいない。小説が現実であり、現実が小説のような三島由紀夫の世界を創った。その観点でイデオロギーを超克している。現実と非現実を同時に存在させた。

三島は日本が、他国が持っていない素晴らしい宝物を持っていることに、気づいた。三島は、典型的な日本人ではない。純粋な日本人であるとともに、西洋の文化に感化され、体現し、並の日本人ではできない発想と思考をもって、行動をした人物だった。三島が戦後史に与えた影響は、計り知れない。

第4章
現代まで引きずった悪しきプロパガンダ
——戦勝国による歴史観の盲点

1975年
〜
2014年

歴史は「勝者」が書くものである

三島も憂いていたことだが、歴史とは常に勝者のものである。アメリカによる統治と東京裁判を通じて、日本人の気高い誇りは、完膚なきまでに踏みにじられた。戦いに至った日本側の事情や大義は完全に無視され、世界平和を脅かした「忌まわしき戦争犯罪人」を生んだ国として祖国を恥じるよう、自虐史観が刷り込まれたのである。

それに乗じるかのようにして、歪んだ歴史認識によるプロパガンダも生み出された。

私が見るに、日本人はもともと遠慮、謙遜の意識が強い。そこへ巧みに自虐史観が刷り込まれているために、そもそも感じる必要のない罪悪感に過剰に駆られ、何も言えなくなってしまう。

これまで、日本の政治家のなかには、歴史認識問題を迫る中韓両国に対し、毅然とした態度を見せようとした人はいた。しかし、日本国内の奇妙な〝自浄作用〟によって、彼らは激しく発言の真意を追及され、誤っていると責められ、不当に立場を追われたり、発言を撤回させられたり、お茶を濁して逃げるしかない状態に追い込まれたりしてきた。

こうした現状に鑑みると、やはり、国際常識に照らした冷静かつ客観的な発信の重要性を痛感する。日本人自身が、負わされた汚名を自ら雪《そそ》ぐのは難しい。日本のため、そして世界のためにも、外国人として、しかも情報のプロを自負する記者として、真に正当な見方を伝えるということに、私は、大きな使命感を抱いているのだ。

戦中に捏造された歴史

いつの時代にも、戦争にはプロパガンダがつきものだ。戦時宣伝を事実、あるいは史実と勘違いする者もいる。あらゆる戦争の、戦前、戦中、戦後に、執拗なプロパガンダが行われる。自らの正義を喧伝して史実を糊塗《こと》し、歴史を捏造《ねつぞう》することで自らを正当化するのだ。

歴史の真実を見極めるには、そうしたプロパガンダを、プロパガンダとして正しく認識、理解する必要がある。

しかし、そこに至る背景をさらに理解するために、実際にプロパガンダがどのように行われたかを、中国を例として検証していこう。この検証には、阿羅健一《あらけんいち》氏の『【再検証】南京でほんとうは何が起こったのか』（徳間書店）を参考としたい。というのも、その英語全訳が「史実を世界に発信する会」のＨＰに出ており、世界中の多くの人が、その内容を英文で確認することができるからだ。

いわゆる「南京大虐殺」が、一種のプロパガンダだということも、世界中の多くのジャーナリストが知る必要がある。「南京大虐殺」は、いま「世界の常識」となっている。しかし、ジャーナリズムのあり方として、「それはプロパガンダであった」という見解も、抹殺してはいけない。

言論の自由は、保障されてしかるべきである。阿羅氏らの主張は、立派なジャーナリズムとして通用すると、そう私は思っている。

中国での日本軍の行動に対する西側メディアの報道には、日本軍による南京陥落のはるか以前から、欧米による悪しきプロパガンダの跡が見てとれる。

阿羅氏がまず取り上げたのは、『ライフ』誌に掲載された有名な「戦場で泣く赤ん坊」の写真である。この写真は、世界中であまりにもよく知られている。

この『ライフ』誌の写真が、捏造だと知った時に、私は衝撃を受けた。

この写真は、一九三七（昭和十二）年八月二十八日に、日本の爆撃機が中国の補給路を断つために、上海南駅を爆撃した時のものとされている。

阿羅氏によると、「この写真は、ただちに映画ニュースの映像として全米に流されるなどして、二千五百万人のアメリカ人、さらにアメリカ以外で三千万人が見た」という。「新聞にも掲載されたので、この写真を見た人は、一億三千六百万に達する」と、阿羅氏は述べている。

ところがこの写真は、爆撃が終わった後に、硝煙が立ち込める駅に赤ん坊を連れてきて線路の上に置き、それを蔣介石がお気に入りだった報道カメラマンのウォンが撮影したものだと判明している。

戦時宣伝にすぎない捏造写真は、一九七五（昭和五十）年になって、改めて世界的な写真週刊誌だった『ライフ』が、見開き二ページで大々的に取り上げ、あたかも史実であったかのように独り歩きした。

だが、それが捏造であるならば、捏造であると、全世界に周知させなければならない。さもないと、捏造の歴史が史実として、世界中の人々の記憶に残ってしまう。そのことが後世にまで、恐ろしい潜在的な影響力を及ぼすことになるのである。「南京大虐殺」などは、その典型だろう。

捏造報道に関しては、中国の通信社も負けてはいない。阿羅氏は、次のような例も掲げている。要点を紹介しよう。

上海で一番の繁華街だった南京路をはさんで、カセイホテル、パシフィックホテルというイギリス資本の二つのホテルがあった。

一九三七（昭和十二）年八月十四日、数機の爆撃機がホテルを空爆し、宿泊していた数十人の欧米人を死傷させた。さらに、数百メートル離れた繁華街にあった「大世界」という娯楽施設も爆撃、千人を超す中国人が死亡した。

中国の通信社が「日本が上海市街を空爆した」と報じ、ニュースはアメリカやフランスに流れた。

しかし実際は、空爆をしたのは中国軍機だった。爆撃されたカセイホテルには、アメリカの通信社UPの支局があり、中国軍機の爆撃が目撃されたが、中華民国は認めずに、この日を「空爆の日」に定めた。

阿羅氏によると、中国軍機は、ホテルが面する黄浦江《こうほこう》に停泊していた日本の装甲巡洋艦「出雲」を狙ったが、高角砲による攻撃を受けて目標を爆撃できず、代わりにホテルと娯楽施設に爆弾を落としたのだという。

さらに、中国軍機は八月二十三日にも、南京路を爆撃、二百人の犠牲者が出た。中国機の爆撃を報道しようとした第三国の記事は削除され、代わりに日本軍機の爆撃であるかのように捏造され、報道された。

八月三十日には、アメリカのプレジデント・フーバー号も爆撃された。アメリカ人記者が「日本軍機ではない」と書くと、日本軍機に改竄《かいざん》されて記事が打電された。

こうした戦時プロパガンダが、国民党政府の宣伝部によって実行されていたと、阿羅氏は指摘する。海外へ向けた特派員の記事は、検閲を受けた。検閲によって記事が捏造され、史実を歪めたのだった。戦時報道にはありがちだが、具体的な実例からは、中国のしたたかさが感じられる。

この宣伝部は、十一月十六日には軍事委員会の宣伝部門と一本化し、その中に国際宣伝部が設けられた。薫顕光が指揮を執り、第三国を味方に付けるための宣伝を任務として活動した。

薫顕光は、アメリカの大学を卒業し、『ニューヨーク・タイムズ』の特派員を経験して帰国。支那事変が始まるまで、上海の英字紙『チャイナプレス』主筆として、日本に反する論説を毎日書いていた。阿羅氏は、「その英文での健筆が、日本側を悩ませた」と、述べている。

あの「戦場で泣く赤ん坊」写真の工作をし、外国特派員との記者会見を仕切った薫顕光は、戦後は中華民国駐日大使や駐米大使を務める大物となった。人物として、その人となりが、外国特派員から高い評価を受け、信頼されていた。いかに中国が情報戦を重視していたか、推察できる。

「存在しない事件」がユネスコ登録される理不尽

前述のように、「南京大虐殺」は中国側の一方的な歴史にまつわる主張であり、それにアメリカを筆頭とする連合国が「乗っかった」ことで、あたかも本当に起こった事件であるかのように、世界中に流布されてしまった。戦時プロパガンダとしてではなく、「史実」として、今も認識されている点が、大問題であろう。結果、この虚妄がユネスコに登録されるという残念な顛末《てんまつ》になってしまった。

二〇一四（平成二十六）年、中国は「南京大虐殺」「従軍慰安婦」に関する資料を、国連教育科学文化機関（ユネスコ）の世界記憶遺産に登録申請をした。そして翌二〇一五（平成二十七）年十月九日（日本時間一〇日）、ユネスコは「南京事件文書」を記憶遺産に登録したと発表した。

二〇一五（平成二十七）年十月二十一日付の『夕刊フジ』で、元明星大学の高橋史朗《たかはししろう》教授が、この件について見解を表明していたので、引用したい。

高橋氏は、二〇一五（平成二十七）年七月に日本の民間団体がユネスコに提出した「反論書簡」を監修した。二〇一五（平成二十七）年十月四日から六日にアラブ首長国連邦のアブダビで開催されたユネスコ記憶遺産国際諮問委員会にも、オブザーバーとして参加している。私も高橋氏に、英文の資料として、私の『英国人記者が見た連合国戦勝史観の虚妄』の英語版を提供していた。

「南京大虐殺」ユネスコ登録攻勢への〝5つの秘策〟「従軍慰安婦」も待ったなし

日本外交が大敗北を喫した主因は3つある。

第1は、対応の遅れだ。官民ともに本格的対応を始めたのは、登録小委員会で「南京大虐殺」文書が「仮登録」に、「従軍慰安婦」文書が「保留」となった後だ。あまりにも遅すぎた。

第2に、政府・外務省が、国際広報を積極的に展開しなかったことだ。日本側にも関連資料は多数存在しているのに、国家戦略として事実関係に踏み込んだ反論をし、対外的に説得力のあるアピールができなかった。

第3に、記憶遺産に関わる地域レベルの活動に消極的だった。このため、国際的なアーキビスト（＝公文書館などの専門職）のネットワークの蚊帳の外に置かれていた。

ユネスコの「露骨な政治利用」を受けて、自民党外交部会と国際情報検討委員会などの合同会議が14日開かれた。私はここで、反転攻勢の具体的提案をした。改めて、緊急提言をしたい。

(1)首相官邸主導の特命チーム(=外務省、文科省、有識者からなる官民一体のチーム)を発足させる。同チームは、登録された「南京大虐殺」文書を徹底検証する。真正性などで問題のある部分を指摘する反論文書を作成し、ユネスコに対して、登録の取り消しを断固として求める。

(2)検証結果を踏まえて、政府見解や外務省のHPにある「歴史問題Q&A」を抜本的に見直し、国際広報を強化する。

(3)ユネスコ記憶遺産の審査・登録システムを改革する。現在は、事前に反論する機会がないなど不透明。申請資料を全面的に公開し、公開の場で議論する「透明性」の高い仕組みに変更させる。

(4)「南京大虐殺」文書の根拠である東京裁判について、自民党の特命委員会で再検証を行う。

(5)中国と韓国が共同で登録申請を検討している「従軍慰安婦」文書について、早急に研究を開始し、反論文書の作成や、国際広報を強化する。

「南京——」も重要だが、「従軍慰安婦——」も待ったなしだ。官邸主導で、官民一体となって「万全の体制」で臨まなければ、日本は次回登録が行われる2年後、再び歴史的大敗北を喫する。それは絶対に阻止しなければならない。

【『夕刊フジ』二〇一五（平成二十七）年十月二十一日】

私は安倍晋三首相を応援し、安倍政権支持派を公言している。しかし、安倍政権下でも、外務省などの対応は、まったく怠慢で、第三者的なものだった。そんなことでは、日本の国益は守れない。日本人が、日本の名誉と尊厳を守り、日本の歩んだ歴史の真実を語らずに、いったい誰がやってくれるというのだろうか。

高橋氏は、日本側が対応を始めたのは、登録小委員会で「南京事件文書」が仮登録になった後だと指摘している。しかし、私はもっと前からユネスコに働きかけていた。日本政府は、アブダビでの最終審議会に代表団を派遣したが、遅きに失した感を否めない。

日本政府の態度は、「いわゆる『南京事件』については、昭和十二年の旧日本軍による南京入城後、非戦闘員の殺害または略奪行為があったことは否定できないと考えているが、その具体的な数については、様々な議論があることもあり、政府として断定することは困難である」というものだった。ユネスコに対しては、関係者に「ユネスコの政治利用になりかねない」と、慎重な審査を求めるだけだった。

積極性に欠けた日本政府の姿勢は、あまりに他人事のようで、見過ごすことはできないと、そう思った。

二〇一五（平成二十七）年十二月二十五日付で、私は外交評論家の加瀬英明氏と共著で、『英国人記者が見た世界に比類なき日本文化』（祥伝社）を上梓《じょうし》した。

その中で私は、日本人の「和」の精神こそ世界が日本人から学ぶべきものだと、そう述べた。私は、日本人の謙譲の美徳も、素晴らしいものだと、そう思っている。世界が、そのように相手を慮《おもんぱか》って、自己を制して接する謙虚さを持てたなら、国際社会はより美しいものになるだろうと、そう思うし、そう願っている。

ただ、現実の国際社会では、その日本人の美徳が、裏目に出てしまうのだ。

日本は不当に責められている

日本は慰安婦の問題で、批判を受けている。これも実にナンセンスだ。

慰安婦問題は、日本の問題ではない。それは、韓国の国内問題なのだ。日本も、国際社会も、そのことがわかっていない。

二〇一四（平成二十六）年、安倍総理は、従軍慰安婦に関する「河野談話」（一九九三年八月、河野洋平官房長官が、慰安婦問題は日本側に非があるとして「心からのお詫びと反省の気持ち」を表した談話）の見直しはしないと言明した。

しかし、信憑性が疑わしい「河野談話」は見直す、と述べたほうが総理の支持率は上がっていただろう。二十年以上も前の官房長官の〝談話〟の呪縛に、今なお歴代の政権がとらわれているのは、嘆かわしいことである。私はこの問題で政府の要人たちが右往左往してきたことに、うんざりしている。真相は今後、必ず明らかにされるべきだ。

報道によれば、日韓両国の政府は問題の官房長官談話の内容の摺《す》り合わせまでしている。本来の目的は、「慰安婦問題の幕引き」だったはずだ。だが、事態は逆に悪化したのだから、韓国と付き合うにあたり、今後、日本政府はこの手痛い失策を教訓とすべきである。

こうした記述は、虚偽、または日本という一独立国家に対する冒瀆といえるのだ。

第5章
平成の終わりと令和の始まり
——世界に対して日本はどう向き合うべきか

2015年
〜
2020年

令和の日本人が知るべき戦後史

二〇一九年　令和改元

今こそ「公平な歴史観」を獲得せよ

二〇一九年四月三十日をもって平成の世は終わり、同年五月から、日本では令和の新時代が幕を開けた。

昭和の御代《みよ》は、自存と大義のために戦い、敗れ、連合国から見た自虐史観を植え付けられながらも、高度経済成長を遂げ、経済大国として名を轟《とどろ》かせた時代だった。日本は立ち直ったかに見えて、その精神はいまだ自虐史観に染まっている。残念ながら、それは平成の御代のうちには払拭されず、日本人の精神は、どこか虚ろなまま彷徨《さまよ》っているように見える。

本来の誇りと名誉を取り戻すために、新時代へと向かう日本人は、どうあるべきなのか。日本政府は、世界に対して、どのように立ち振る舞っていったらいいのか。最終章となる本章では、イギリス人記者の目から見た、日本人への提言をまとめておきたい。それは日本をこよなく愛する私からのエールでもある。

まず、差し迫った目前の課題は、やはり自虐史観から、即刻、脱却することだ。


日本では、いまだに「日本は、悪い国だった」と言わないと糾弾される。大臣が「日本は、悪いことだけでなく、よいこともした」と言っただけで、首にされたこともあった。そうした異常な言論封殺の圧力があった。その言論封殺の圧力を、かけていたのは、なんとメディアだった。マスコミが、そうした圧力をかけていた。もちろん、なかには例外もあったが。

かつては、国歌を歌ったり、日の丸を掲げたりすることも、「犯罪」であるかのような扱いをされていた。国歌を斉唱し、国旗を掲げる者たちは、「右翼」と呼ばれた。「愛国心」という言葉は、いまも使えないような「空気」がある。これは、正常だろうか。中国でも、韓国でも、戦勝国のどの国でも、愛国心が否定される国はあるまい。この点では、他の国が正常で、日本が異常だ。

では、その異常性は、どこから来ているのかといえば、明確である。戦後のプロパガンダによる洗脳状態が、今なお続いているのだ。

戦勝した連合国と、厄介な近隣諸国のプロパガンダによって、日本国民も世界の人々も、倒錯した固定観念を植え付けられている。

「日本軍は、国際法違反の非道な残虐行為を行った」というのが、そのプロパガンダだ。

そう思い込んでいるのは、洗脳されたからにほかならない。

洗脳？　洗脳なんてされた覚えがないと、そう憤慨するかもしれない。

だが、洗脳は実行された。

圧倒的なメディアの報道によって、その洗脳は行われた。

一九四五（昭和二十）年、大東亜戦争が開戦された記念日の十二月八日（大詔《たいしょう》奉戴《ほうたい》日《び》）から、占領軍は「太平洋戦争史」を、日本の全国紙で一斉に連載し始めた。これこそ、歴史修正主義者のお手本のようなものだ。日本は戦争という罪を犯した国だと、WGIP（ウォー・ギルト・インフォメーション・プログラム）で贖罪意識を植え付けて、洗脳した。

その洗脳から解放されていないことは、「史実でないこと」をさも「史実である」かのように、日本のメディアが報じることからもわかる。

戦勝国や日本の近隣諸国は、そう言うだろう。そのほうが自分たちに都合がいいからだ。しかし日本は、正々堂々と、史実を訴えるべきだ。プロパガンダによる虚偽を相手が訴えるなら、反論すべきだ。それができないのは、WGIPによって、洗脳されたままだからだ。

メディアもこの虚構のプロパガンダに加担している。ジャーナリズムに身を置くものとして、非常に嘆かわしい。

太平洋戦争というのは、アメリカが日本に強要した戦争名だ。日本で閣議決定をした正式な戦争名は、大東亜戦争である。一九四一(昭和十六)年十二月八日の宣戦布告に伴い、閣議決定され、正式に発表された戦争名だ。

なぜ、マッカーサーは、一九四五(昭和二十)年十二月十五日の「神道指令」によって、大東亜戦争という日本側の正式な戦争名を使用することを禁止したのか。理由はシンプルだ。大東亜戦争という呼称を使われると、日本の戦争がいかに正当なものだったかが、バレてしまうからだ。

日本のメディアは、ほぼすべて、日本の正当性を主張する勇気もなく、アメリカ様の言いなりになった。

戦後もう七十年も経って、まだ「アメリカが正しい。日本が悪かった」と、そんな一方的な見解を受け入れ続けるのか。せめて日本のメディアならば、大東亜戦争の大義を、堂々と日本の立場に立って語れないのか。

戦勝国だけが正義で、その戦勝国は敗戦国に対し、国際法を無視して大虐殺でもなんでも、正当化し得るのか。「勝てば官軍アメリカ軍」か。そんなバカな話は、ない。まともな人間の正常な判断を、愚弄《ぐろう》している。それとも日本人を、猿か何かと見なしていたのか。正常なメディアであれば、戦勝国の不当性を訴えるべきだ。

東京裁判で、弁護側（日本側）の主張したことは、十分に正当性がある。占領軍によるＷＧＩＰに、いつまで犯されれば、気が済むのだ。「目覚めよ、日本メディア！」と私は訴えたい。

いま世界は変貌しつつある。その世界の中にあって、一つの尺度が日本なのだ。縄文時代、あるいはそれ以前から一つの文明圏として地球に存在している。

今の「中国」もそうだが、世界中で、これまで様々な文明や国家が勃興し、滅びていった。その中で、一つの王朝が、豊かな錦絵《にしきえ》として数千年にわたって存在し、二十一世紀の今日に至っている。これは、奇跡だ。断絶のない、一つの、世界で最長の王朝があるとしたら、世界のあらゆる歴史は、その連綿と続く歴史の尺度をもって、見通すこともできる。それは、これまで世界史が、試みたことのない新たな世界史の誕生でもある。日本から見た世界史である。

逆説的には、世界の中の日本として日本史を再検討することで、日本人にとっても新たな歴史認識が可能になる。それは、「歴史の捏造」ではない。先入観にとらわれた、むしろ欧米史観や戦勝国史観という洗脳から解放されることで発見できる、より史実に近い歴史認識である。この本が、そうした新たなる挑戦への一歩となれば、幸甚だ。

また、二〇一五（平成二十七）年十二月二十五日付で、私は『英国人記者が見た世界に比類なき日本文化』（祥伝社）を、外交評論家の加瀬英明氏と共著で出版した。

その本で、私は、日本人が縄文時代から「和」を大切にし、多様な考えや価値観を尊んできた、と述べた。日本の文化について、私の感じるところをまとめたものであるため、この本と合わせて、お読み頂きたい。

白人キリスト教徒たちの「原罪」

イギリスに比べて、日本の歴史は、はるかに古い。アメリカなどは、二百余年の歴史しかない。

いまある「国連」（「国際連合」と外務省が意図的と思われる誤訳をしているが、そもそもは連合国が正しい訳）は、第二次世界大戦の戦勝国体制だ。

欧米列強の白人キリスト教徒は、大航海時代から、世界侵略を始めた。およそ五百年前からだ。

しかし、一千年ほど時代をさかのぼると、世界に君臨していたのは、オリエント文明だ。文明国ペルシャであり、イスラム世界が宗教文明を誇っていた。その担い手は、白人ではなかった。キリスト教徒ですらなかった。

カナダの国家元首は、イギリスのエリザベス女王だが、もともと白人が侵略する前は、日本人によく似たイヌイットなどが住んでいた。アメリカには、もともとネイティブアメリカンが住んでいた。北米やメキシコ、南米の一帯も、その昔は白人が一人も住んでいなかったところだ。「セント」は、キリスト教の聖人という意味で、その接頭語がつく地名は、すべて白人キリスト教徒が侵略した土地だ。

西部劇では、白人は立派な開拓者で、白人を襲撃するネイティブアメリカンは残忍とされている。自分たちが先祖代々ずっと住んできた土地に、他から武力を持って侵略してくるものがいたら、「竹やり」ででも戦う気概は、理解できる。

パトリとは、郷土のこと。パトリオットとは、郷土愛の人、そしてパトリオティズムは、郷土愛主義だ。

国際社会というのは、あらゆる民族、宗教が、それぞれの利害を主張する場でもある。そこで、たとえばアメリカ化が、グローバル・スタンダード（世界基準）であるかのような言動や行動を取ると、あらゆる国や民族、宗教が反発するのだ。

アメリカは、いま、少し反省している。あまりに世界各地の紛争に関与し過ぎたと、そう思っている。そのアメリカが少し引き気味なところに、中国も、「イスラム国」も、つけ入ろうとしている。

湾岸戦争、アフガン戦争、イラク戦争と、アメリカが中東地域で戦争をした結果、カオスが生じた。部族間、イスラム宗派間での対立、紛争が表面化した。

その原因をさかのぼると、白人キリスト教徒の欧米列強が、部族間の縄張りやイスラム宗派間のせめぎあいを無視して、自分たちの都合で直線の国境線を引いたところにあった。

いま世界で起こっていることは、この五百年間の欧米列強・白人キリスト教徒がやってきた「原罪」にまで立ち返って考察することが必要だ。

前述したことだが、私が子どもだった頃、地球儀はピンクだった。ピンク色をしたところは、大英帝国を示していた。第二次世界大戦が始まって、戦争が終わると、ピンク色をしていた地域がいろいろな色へと変わっていった。かつてアジアで大英帝国が植民地として支配していた地域が、国家として独立していったからだった。

もし日本が、大東亜戦争を戦わなかったら、いまもアジアは欧米列強の植民地であったかもしれない。

戦後史を考える上で、「日本は野蛮な侵略国だ」というプロパガンダに、目を曇らされてはならない。

日本は、アジアでかろうじて植民地支配をされることなく独立を保っていた。その日本に、戦争を仕掛けてきたのは、アメリカだった。日本は、自衛戦争に立ち上がった。同時に、アジアの諸民族を助け、欧米の軍事力を排除し、結果的にアジア各国を独立へと導いたと見ることもできるのだ。

本当に正しい外交姿勢とは

激動の世界において考察すべきことは多いが、日本にとっての課題は、やはり東アジアの安全保障だ。とりわけ、ようやくアメリカとの交渉の席についてもなお核開発を諦めず、たびたび挑発行動に出ている北の「ならず者国家」にいかに対抗していくべきかを、日米同盟の文脈も踏まえて、考えなくてはいけない。

二〇〇二（平成十四）年の小泉首相の北朝鮮訪問に、安倍首相は、官房副長官として同行した。そこで日本政府は、北朝鮮拉致被害者五名を、日本に取り戻すという歴史的成果を得た。

しかし、拉致問題においては、その後、実質的な成果は上がっていないのが実情だ。二〇一二（平成二十四）年の第二次安倍内閣発足後は、「アベノミクス」による経済再生などに力が注がれたため、拉致被害者の家族や、「救う会」「調査会」の関係者の中に、「安倍首相への期待が大き過ぎた」との声もあった。二〇〇二年の拉致被害者奪還の際には、今まで硬く閉じられていた門戸が開かれたかのように、一気呵成《いっきかせい》に拉致問題を進展させられるといった期待感が、日本国内に広がった。ただ、実のところは一進一退であり、時には北朝鮮に煙に巻かれる場面もあったことは否めない。

しかし、北朝鮮による拉致問題を、このまま風化させてはならない。「五名もの帰還が叶ったのだから満足せよ」というのは、北朝鮮の手前勝手な都合である。そもそも、他国民を誘拐し、洗脳し、自国のために働かせること自体、人道に悖《もと》る行為なのだ。では、今後、日本はどう立ち回るべきなのか。

翻訳者の藤田裕行氏は、元米国国防総省のアジア太平洋局の交渉担当専門家で、共和党政策委員会顧問のチャック・ダウンズ氏や元ＣＩＡ東アジア局長だったアーサー・ブラウン氏の通訳を務めたことがある。

藤田氏によると、「北朝鮮のどこに何があり、いつどこに誰がいるか」が、最も重要な情報だという。当然のことだ。

現在、偵察衛星の技術も向上して、衛星から見える情報や、その動きに対しては、ほぼ一〇〇％分析が進んでいる。情報員が、何らかの発信装置を対象につけることに成功すれば、ＧＰＳによってリアルタイムで所在地も追尾できる。

様々な施設の警備体制、警備の武装レベル、緊急避難の極秘扉や通路なども、情報として更新していくことが重要だ。たとえば「レジーム・チェンジ」を想定した場合、独裁者、軍司令官、軍の指揮命令系統、民衆の群集心理、治安状況、輸送状況などが、シミュレーションできるか、それに対する対処戦略・戦術がどれほど現実的に机上演習、あるいは予行演習できるかが被害者の救出を担う特殊部隊にとって重要になる。

日本人の拉致被害者の救出は、いつ、どこに、誰がいて、どう救出するのか。それが具体的に想定できなければ、初動に遅れる。それは、生存に関わる最も重要な訓練課題だ。

これからの世界では、テロもあり、体制崩壊もある。各国が協力して、対処することが必要になる。

日本の課題は、一、情報が漏れないか。二、警察では入れない、他国へ侵入し、作戦を実行できる特殊部隊が存在するか。三、法律で、その緊急事態に十分に対処できるように態勢が取れているか、などの点である。

私は、ベトナム戦争や光州暴動を取材した。

ベトナムでは、「前線に行きたい。前線はどこだ？」と質問したが、回答は「どこが前線なのか、わからない」だった。軍隊同士の戦闘なら、ある程度、前線の判断がつく。ベトナムは、そうではなかった。

光州では、敵も味方もわからない。誰が指揮命令者で、誰に聞けば状況把握ができるかも、混乱していて掌握できなかった。

いま、日本は、そうした危機管理能力を、高める必要がある。侵略戦争に加担するとか、侵略戦争の戦端を、日本が開くことはない。しかし、やんちゃな将軍様が核ミサイルをもてあそぶなら、アメリカの「加護」の中に安住している一国平和主義などたちどころに崩壊する。そうならないように、抑止力を高める必要がある。

『金王朝』の将軍様に、『憲法九条』だけで対応するのは、無理があろう。また、『憲法前文』にあるように、「平和を愛する諸国民の公正と信義」に、日本人のあなたやあなたの家族、子どもたちの生命を、委ねることなど、ほんとうにできるのだろうか。

そもそも「平和を愛する諸国」とは、どこの国のことなのか。韓国か、北朝鮮か、中国か、ロシアか。それともアメリカか。

これは、神学論争ではなく、現実に直面している脅威である。目覚めよ！　日本！　そう私は、いま訴えたい。「侵略国家」という謂《いわ》れなき汚名から、そろそろ脱してほしい。それが拉致問題の解決にも、ひいては世界平和における日本のプレゼンス向上にもつながることは間違いない。

私が目撃した北朝鮮の真実

私は、半世紀以上を外国特派員として日本を拠点に活動してきた。しかし、私の守備範囲は、東アジア・東南アジア全域に及んだ。

北朝鮮については、建国の父である金日成とも、西側メディアとして初めて面会した。韓国の金大中大統領には、三〇回以上も単独取材を行っている。私は当時、アジアで最も経験の豊富な記者だった。

北朝鮮を建国した金日成には、一九八〇年の六月に初めて会う機会が訪れた。光州暴動の直後だった。その時の背景を紹介しよう。

アメリカは朝鮮半島情勢が極めて緊迫していると受け止めていた。一触即発の危機にあると判断して、朝鮮戦争が再び勃発することを恐れていた。光州暴動（一九八〇年に韓国南部で起こった民衆蜂起事件）のように局所的なものではなく、朝鮮半島で全面戦争が起こることを懸念していた。

そのような情況で、要人を北朝鮮に訪問させる戦略が実行へと移された。韓国が北朝鮮を刺激したり、攻撃を仕掛けたりすることはないということを、はっきりと伝えるためだった。すべてはアメリカの掌握下にあり、戦争が勃発することはないというメッセージを、北朝鮮の元首に伝えることになった。

さて、誰がそのメッセージを、どうやって伝えるか。なかなか難しい任務だった。

ニューヨーク州選出のスティーブ・ソラーズ下院議員に、白羽の矢が立った。『ニューヨーク・タイムズ』からは、私が一人だけ同行することになった。『ニューヨーク・タイムズ』は、本家の『ロンドン・タイムズ』社に人選を依頼し、私を適任だと判断した。ニューヨーク側が北朝鮮と交渉し、招待状が私に届いた。だが、金日成との会談には、同席しない条件付きだった。握手はできるが、会談には立ち会えない。

ソラーズ下院議員と私は、北朝鮮に入国した。議員には、目付役がついていた。国務省か、CIAだったろう。はっきりとは覚えていないが、恐らく滞在四日目だった。重要な人物と引き合わせると言われて、期待に胸を躍らせた。

我々一行は、まず平壌空港へ連れていかれ、飛行機で北東へ移動し、小さな空港に降り立った。場所はどこであるかまったく知らされなかった。そこから車で山をいくつか越えて、目的地にたどり着いた。

そこは、別荘のようだった。我々は丘の上へと車で坂を上り、ちょうどゴルフ場のクラブハウスのような木造の平屋の建物の前で車から降りた。さらに丘を歩いて登っていくと、労働服を着た男が、立って我々を出迎えてくれた。金日成だった。首の後ろにこぶが見えた。間違いなく本物の金日成だと思った。ニセモノではない。

金日成は、まず、ソラーズ下院議員に挨拶をし、続いて私に挨拶をした。その場にはアメリカの『タイム』誌とアメリカNBCテレビの記者もいた。しかし私が、メディアの代表だった。同行した国務省の若い無垢なアメリカ人が「報道関係者は、ダメだ」と、小声で繰り返し訴えた。ソラーズ下院議員は、国務省から、金日成との会談内容は報道陣には取材させないように、強く言われていた。

『ニューヨーク・タイムズ』は、私の記事をトップではなく、一面の「下段」扱いで報じた。アメリカからのメッセージは、「アメリカは全力を挙げて戦争の暴発を防ぐ努力をする」というものだった。そこには、アメリカが金大中を守ることも、盛り込まれていた。

私は、記者として歴史的な機会だと思った。ここに来られる西側の人間は、まさにひと握りしかいない。『ニューヨーク・タイムズ』のアメリカ人記者、ハリス・サリスベリーが一九七一年に入ったのが最初で、私は二番目だった。イギリス人記者としては、初めてだった。プレステージが極めて高い、歴史的な仕事をする機会が与えられた。

私は幸運にも、平壌郊外にある金日成の宮殿で五日間を過ごす機会を与えられた。そこは、ヴェルサイユ宮殿の軍事版のようだった。堀に囲まれた広大な敷地にあって、数え切れないほどの部屋があった。バスルームも普通のホテルの一〇倍か二〇倍もの広さで、世界中から集められたあらゆる香りの石鹸や、香水が置かれていた。

平壌に滞在している間、毎晩、パーティーがあり、私も毎日その様子を記事に書いて送っていた。

毎晩、十一時になると車が迎えにきた。一人でそれに乗って、郵便局へと向かった。ニューヨークへ記事を送るためだった。私は滞在期間中、北朝鮮の高官とずっと一緒にいた。高官らは、立派な人物のように思えた。威厳があり、アメリカに対する北朝鮮の政策について、常に論理的に、一貫した説明を行った。これには、私も感銘を受けた。

北朝鮮の高官は、高尚な精神を持っていると、思った。金と私欲を第一にしている韓国の高官と、まったく対照的だった。北朝鮮の高官は、そういう世俗的な欲求から離れ、北朝鮮の政策や理想や信念を語った。独立の気概があった。

他方、韓国は、アメリカにベッタリと依存している。北朝鮮は、自国を自らの手で防衛し、様々な政策を決定するが、韓国や日本のように他国への依存心が、まったく感じられなかった。威厳があり、紳士的で静かに物事を語る北朝鮮高官に、感心した。しかし、西側記者に、私のように「北朝鮮高官に威厳を感じた」と記事や論評に書いたものは、いなかった。

私は高級車の後部座席に乗って、観光をする機会を与えられた。中央官庁の建物や、大規模な集団農場などを見て回った。その時に、私は平壌の郊外で、偶然、十五台ほどのトラックの車列とすれ違った。そのトラックは、大勢の男たちを運んでいた。男たちはみな、悲惨な環境にいたことが一目でわかる目つきをしていた。私は政治犯収容所から運ばれてきたと、直感した。北朝鮮のリーダーたちと、政治犯収容所の囚人とのギャップに、北朝鮮の現実を感じた。ショックを受けた。

私が北朝鮮に行ったのは、アメリカと北朝鮮の関係の改善が目的だった。北朝鮮は独裁国家で、政権が軍隊を完全にコントロールしていた。政治犯は収容所に入れられ、もちろん、言論の自由はなかった。

私はトラックで運ばれていた男たちを目にして、この国の真の姿を目にしたと思った。北朝鮮の高官たちは、ポーカーゲームの達人のようなものだった。こうした国家は、日々、偽装を続け、国家を運営しているのだった。

今こそ「日米不平等条約」是正を主張せよ

好むと好まざるとにかかわらず、東アジアの戦争と平和の方程式にはアメリカが登場する。

ヨーロッパから「新大陸」に至った「清教徒」たちは、純粋に神の使命を果たしていった。異教徒、異民族の有色人種は、キリスト教に改宗しない限り大虐殺で根絶やしにした。

そうして東海岸から西海岸まで到達した白人キリスト教徒は、さらに太平洋を横断し、カメハメハ大王の王国を侵略。白人文明の前線基地「ハワイ」を、太平洋の真ん中に建設した。

太平洋を渡ったさらに西のアジア大陸にある中国は、魅力だった。しかし、そこに入るには、目ざわりな防波堤があった。太平洋の西の端に、朝鮮半島と四つの大きな島、沖縄、台湾を領土とする日本だった。その影響力は、国際連盟から統治を委託されていた南洋群島のパラオまで広がっていた。

この日本を占領して、「不沈空母」にできれば、太平洋全域から大陸へとその侵略の歩を進めることができる。

アメリカの侵略と覇権は、とどまるところを知らなかった。

前述したが、一八五三年に、ペリーの黒船艦隊が浦賀にやってきた。

しかし、ペリーが獲得を目指したのは、海軍基地だった。「捕鯨船の基地」だったことは事実だが、鯨の油だけが目的ではない。当時は、領土的野心があった。西へ西へと大虐殺を進めてきたのを、止めたのが日本だった。しかし、戦争に勝ったアメリカは念願だった海軍基地を手に入れた。それが、アメリカ太平洋艦隊・第七艦隊の母港・横須賀である。

一八五三年のペリー提督以来のアメリカの夢を実現した。マッカーサー元帥は、狂喜して一九四五（昭和二十）年九月二日、その調印式典を行う戦艦ミズーリの艦上に、一八五三年に浦賀を訪れた時に、旗艦「サスケハナ」にペリーが掲げた星条旗の現物を、アナポリスにある海軍兵学校から、わざわざ取り寄せて掲げた。

その後、朝鮮半島で朝鮮戦争を戦い、いま三十八度線にある板門店で、休戦中という状態だ。北朝鮮も、アメリカも、「戦時中」にある。アメリカとの対等な同盟関係なくして、日本と東アジアの安全保障は担保されないのだ。


アメリカは、日本をアメリカの属国か、保護領と思っている。北朝鮮も、中国も、そう思っている。「占領軍が、いまも居座っている」と、そう言われれば、それは事実だ。日本は、アメリカの占領軍に、ずっと依存し続けるつもりなのか。もちろん、決めるのは日本人だ。私は、「主権の在する日本国民」ではない。イギリス国民だ。日本をこよなく愛するイギリス人である。

イラク戦争の時だったか、四十三代のブッシュ（ジュニア）大統領が、日本に期待して言った言葉に、憤慨した。

「日本には、サージャント小泉がいる」サージャント小泉とは、小泉首相（当時）のことである。

サージャントは、軍曹だ。つまり兵士長がいるという意味で、言い換えると、「将校はいない。首相をトップに、日本にはアメリカ軍の兵隊がいる」という認識だ。「日本には、サージャント小泉がいる」と大統領が言うと、一同が爆笑した。その「小泉軍曹」が、アメリカを訪ねた時に、サングラスにエアー・ギターで、エルビスの真似をしてみせた。外交的配慮から親米を演出するのはいい。ただ、あまりに浮かれたパフォーマンスに、ブッシュ大統領一家は、苦笑いだった。

ブッシュ大統領一家も、純粋に楽しかったら、笑い、喝采するだろう。私もその場にいたわけではない。報道映像の数秒間の印象にすぎない。報道を一部だけ切り取って印象操作もする。そんなことはわかっているが、私の印象は、「ブッシュ一家はやや引き気味、苦笑していた」だった。

一方で、安倍首相がアメリカの上下両院で、日本の首相として初めて行った演説は、上出来だった。敵対するのも外交だが、同盟を深めるのも日米首脳の重要な役割だ。特に、高まる中国の軍事的脅威、北朝鮮の核による恫喝もある中で、沖縄に基地も必要だ。

しかし、かつて三島由紀夫が「檄文」で訴えたように、自衛隊がアメリカ軍の『傭兵』であってはならない。日本は、独立主権国家として自国の独立した軍隊を持って、自らの国を防衛する責任を果たさなければならない。

「平和憲法」などと言って、実のところはアメリカの軍事力に依存しきっている精神が、なさけない。中国も、北朝鮮も、竹やりで攻めてくるのではない。どちらの国も、核兵器で攻撃するぞと、そう脅している。ソ連もそうだ。それが、北東アジアの軍事バランスの現状である。

アメリカが、ハワイやオーストラリアまで司令部を後退させる時、それを補完する軍事力を、日本が担うことができるだろうか。

日米地位協定という『不平等条約』を排すには、日本が憲法改正をし、国防軍を持つしかない。それには、集団的自衛権を、当然、行使できなくてはならない。歴史認識と現在の防衛体制強化と、両方の側面で、日米が相互理解と信頼を強化する必要がある。

国家はいかにあるべきか

すべての独立主権国家には、国家としての「生存権」ともいえる自衛権が認められている。独立主権国家は、その国家主権を守るために、「戦争する権利」を国際法によって付与されているのだ。

ところが日本には、摩訶《まか》不思議な議論が存在してきた。歴代内閣の憲法解釈に基づき、憲法九条の制約のために、集団的自衛権については、権利は有しているが、行使することはできないと、そう言うのだ。

私の考えは、極めて単純だ。憲法改正によって独立主権国家として当然至極に軍隊を持ち、個別も集団もなく、必要な自衛権は、行使できなければならないと、思っている。

だから、集団的自衛権の行使を容認することによって、日米同盟関係の強化に真摯にコミットする安倍総理の姿勢を、私は高く評価した。これにより、前項で述べた憲法改正と国防軍保持という「日米不平等条約」是正の条件が、一歩前進したといえる。

同盟国アメリカに対する日本の姿勢は、これまで、まさに〝一国平和主義〟を象徴するものだった。同盟国が攻撃に晒されても、ただ揉手《もみで》しているだけなら、何のための同盟なのか。集団的自衛権は、〝保有するが行使できない〟という考えは、すでに過去の遺物となった。

日本は、迫りくる中国の脅威に鑑み、抑止力の強化を安全保障の礎《いしずえ》にすべきだ。

適正な軍備増強に基づく日本のさらなる抑止力の向上を強力に支えているのが、アメリカとの同盟関係なのである。

国際社会に向け声を上げよ

令和という新時代に入った日本に対し、私が提言したいことはたくさんある。しかし紙面にも限りがある。第一に、自虐史観から脱却すること、そして、日米同盟を踏まえて東アジアの安全保障を担っていくこと、これらに加えて、あと二点ほど挙げておきたい。

最初の一点として、日本は、もっと発信力を高めるべきである。

日本人が誇りを持って、世界で重要な役割を担ってゆくには、日本に「犯罪国家」という冤罪を着せる戦勝国史観ではなく、日本から見た歴史観に立って、堂々と国際社会で発言していくことが必要だ。

それは連合国体制の中にあって、容易ではない。しかし、日本の誇りと名誉を取り戻すためには、そこに立脚するしかない。史実を、堂々と、世界に、発信してゆこう。

世界で最も長い王朝の国・日本に生まれた日本人は、日本が世界の宝であることを自ら認識し、世界と渡り合ってほしい。

世界は「声を上げた者が勝つ」という暗黙のルールがある。たとえ、それが、白いものを黒というような内容であったとしても、大声で訴え続ければ通ってしまうようなところがあるのだ。

日本人同士ならば、「みなまで言わずとも察する」「以心伝心」「ちゃんと見ている人は、わかってくれる」といった不文律が成り立つ。しかしそれは、国際社会では通用しない場合が大半だ。自ら声を上げなければ、声は「ない」も同然であり、小さな声は大きな声にかき消される。

日本人は自己主張が苦手だが、国際社会では、大きな声を上げ、国際社会に言い分を通す発信力を、もっと身につけなくてはいけない。

それには、基本的なことだが、英語による発信が欠かせない。何語で発信するかというのは、意外と侮れない側面がある。

今までの日本政府は、私が本書で述べてきたような史実を、日本側の主張として明確に発信してこなかった。外務省には、世界に向けて日本の立場を説明する責任があるにもかかわらず、その職務を果たしてきたとは、到底いえない。だから、諸国との外交上、常に劣勢に立たされてきた。意見をはっきりと言わないのは、相手の言っていることを受け入れているのだと、そう国際社会に思われても無理はない。

もちろん、根本的な原因は、日本人に刷り込まれた自虐史観にある。国際社会に対して引け目があるから、毅然とした態度を示せない。それもあるだろう。だが、たとえ今後、日本政府が、一独立国家として、自虐史観を覆したとしても、日本語で発信するだけでは、国内でしか通じない。

英語による発信力を高めれば、まず国際社会の中に、日本の言い分を認める流れを生むことができる。国際常識に照らしても、日本の立場は正当なものだということが、いわば逆輸入のようにして国内にも通じれば、日本国民の意識だって変わっていくはずだ。

つまり、国際社会に日本の立場を説明するという本来的な目的に加えて、日本国民を自虐史観から脱却させ、誇りを取り戻させるという意味でも、日本政府は、一つの

「国策」として、英語による発信を積極的にしていくべきなのだ。

かつては不当な東京裁判に縛られて、様々な圧力が働いていたことだろう。しかし、今は大東亜戦争終結から七十五年余り、連合国支配終了から数えても七十年近くが経っている。一独立国家として、日本は自国の主張をしていくべきなのだ。

私から見ると、今のところ、そのための努力はまったく足りていない。そればかりか、愚かな「河野談話」をいつまでも破棄せず、無用な謝罪を続けている有様だ。そこに疑問を投げかけるマスコミも、残念ながら、ほぼ存在しない。

諸外国では、自国の利益のために、他国の地で政治家その他に働きかけるロビイストを用いるのが当たり前にもかかわらず、である。

そこで安倍首相に求めたいのは、「宣伝対策チーム」の結成だ。もうこれ以上、特に近隣諸国の悪しきプロパガンダに押されないよう、対抗力をつけていく必要がある。海外の新聞や雑誌に働きかけ、コラム欄を利用するのも効果的だろう。

声を上げていくために、考えうる手段は、数多《あまた》あるはずだ。座して黙しているのは、もう止めだ。日本政府は、日本の立場を堂々と国際社会に向けて発信し、日本のために「戦後レジーム」から脱却していくべきである。

「世界最長の王朝」を冠する国民の誇りを取り戻せ

もう一点、新しい時代を生きる日本に提言したいのは、天皇というご存在への誇りを取り戻すことだ。これは、誇り高きアイデンティティの復興といってもいい。

まず、読者に問いたい。あなたは、天皇の歴史を、どれくらい知っているだろうか。たとえば、なぜ皇室祭祀において、稲や米が大切にされるのか、知っているだろうか。

天皇家は、神話の中で、天照大御神《あまてらすおおみかみ》が、「この地が私の子孫のシロシメス土地である」と、神勅を発せられたことに始まる。そして天照大御神は、「天孫（孫にあたる）」の瓊瓊杵命《ににぎのみこと》に、庭にあった稲穂と鏡を授けて地上に降臨させた。天孫降臨である。

皇室祭祀で、稲や米が大切にされるのには、こうした背景があるのだ。日本文化の源流は、大陸から輸入されたと教えられることも多いようだが、日本文化の大本は、日本固有の神道なのである。

さて、天照大御神の孫として地上に降臨した天孫（瓊瓊杵命）の、さらに孫にあたるのが、神武天皇である。神武天皇は、橿原《かしはら》の宮を開かれ、日本の初代天皇となられた。

ここで私が尊く思うのは、畝傍《うねび》の橿原に大宮を築いて即位した時の詔である。

「八紘をおおいて宇と為む」というくだりは、噛み砕いていえば、「世界は一家、人類は皆兄弟」ということだ。つまり神武天皇は、この詔に、「世界平和を実現しよう」という理想を込めたのである。

念のために言っておくが、もちろん、「人類皆兄弟」なのだから、断じて世界征服を目論むようなものではない。「八紘」というのは、八方という意味で、天下とか世界を意味する。神武天皇の時代には、「大和の国」が世界であったろう。

この天皇家の始まりの神話を読むだけでも、天皇とは、何という世界に類稀なる存在であろうかと胸が震える。神話は、日本国民のアイデンティティに関わる話でもあり、当然、公教育で教えられるべきものだ。ところが、日本の公教育で、日本神話は教えられていないという。

その背景に、GHQの占領政策があることは、いうまでもないだろう。

マッカーサーは、日本人の神がかった戦いぶりに恐怖を感じていた。そして、「天皇を神と崇め、天皇のために死ぬことをいとわない神道の教えに問題がある」「日本を二度とアメリカに歯向かわせないためには、天皇への信仰心を取り除かなければならない」と考えたのだ。

以来、日本神話は、一つのタブーとなってしまった。そのなかで、日本人の中には、天皇陛下および天皇家に対する大きな誤解が生まれた。

「戦後、天皇は『人間宣言』をした」「『私は神ではない』と宣言した」と、教わった人は多いのではないだろうか。ところが、これがまったくの誤りなのである。

一九四六（昭和二十一）年の元日に発せられた詔で、天皇陛下は、「天皇が神を自称して、臣民を世界征服のための侵略戦争に駆り立てたなどとは、荒唐無稽な話だ。天皇と臣民の信頼関係は、もっと深い歴史に根ざしたものである」といった主旨を述べられた。

はたして、これのどこが「人間宣言」だというのか。むしろ、「日本が侵略戦争をした」という占領軍の虚妄を、昭和天皇は、真っ向から否定されたのだ。

「人間宣言」などというのは、占領軍のプロパガンダに踊らされたマスコミが、事実を捻じ曲げてレッテル貼りをした虚構である。そのために、日本人は「天皇自ら、その神聖性を否定された」という錯覚に陥り、それが「天皇の『人間宣言』」などとして、日本の教育で伝えられてきた。なんと不幸なことであろうか。

だからこそ、今、改めて、天皇というご存在が、いかに尊いものであるかを、日本人自身が自覚する必要がある。

世界的に認められている価値観としては、民主主義が筆頭に上がるだろう。実際、世の中の多くの人は、民主主義を最高に素晴らしいものだと考え、世界の民主化にも賛同し、後押ししている。

天皇家の尊さは、そんな民主主義をはるかに上回る、といったら、私の熱意が伝わるだろうか。

民意は、時として過《あやま》つ。そしてヒトラーのような暴君を生み出す危険を、常に孕んでいる。民主主義は、一つの統治機構として有効ではあるが、決して万能ではないのだ。

では、天皇はどうか。二千年以上にわたって国民を慈しまれ、国を一つに治めてこられた天皇は、世界史でも実証済みの実績を持たれている。

日本の歴史上、国が真っ二つに分裂したことは一度もなかった。時の政治家や軍人が対立して戦っても、天皇という存在があったからこそ、皇紀二六八〇（令和二）年までの長きにわたって、日本という国は一つに治められ続けたのだ。

天皇家は、世界最長の王朝、しかも「万世一系」という神話に由来する国の長であり、その権威は、決して占領軍によって侵されることはなかった。


諸外国に目を転じれば、国家指導者は、戦に負ければ、地位を追われるか、亡命するか、殺されると相場が決まっている。しかし戦後、天皇が、原爆を投下された広島に、警備もつけずに行幸《ぎょうこう》された際には、広島の人々は歓喜して迎えた。戦前、戦中、そして戦後と、昭和天皇は、変わらず天皇として君臨された。これは世界史の奇跡である。

天皇家は、ギネスブックには「世界最長の王朝」として記録されている。

それだけでも、天皇というご存在の尊さは「世界の宝」というに相応しいが、天皇を、最も崇高にして神聖なる存在たらしめているのは、天皇が神話の時代を二十一世紀に生かし続けていることである。

皇室、そして天皇のご存在は、「市民」や「民衆」や「選挙民」が決めたものではない。単に選挙の人気投票で選ばれたというような「成り上がり」ではないのだ。そのようなご存在を持つということを、日本人は、もっと誇るべきである。そうすれば自ずと、国際社会においても、日本人は誇り高き国民として尊敬され、世界への影響力も高まっていくはずだ。

主要参考・引用文献

※順不同

"Fallacies in the Allied Nations' Historical Perception as Observed" by a British Journalist, by HENRY SCOTT STOKES, Hamilton Books

『英国人記者が見た連合国戦勝史観の虚妄』ヘンリー・S・ストークス著、藤田裕行訳（祥伝社）

『英国人記者が見た 世界に比類なき日本文化』ヘンリー・S・ストークス、加瀬英明共著、藤田裕行訳（祥伝社）

『英国人ジャーナリストが見た現代日本史の真実』ヘンリー・S・ストークス著、藤田裕行訳（アイバス出版）

『連合国戦勝史観の徹底批判！』ヘンリー・S・ストークス、藤井厳喜共著、藤田裕行編集・翻訳（自由社）

『戦争犯罪国は、アメリカだった！』ヘンリー・S・ストークス著、藤田裕行訳（ハート出版）

『大東亜戦争は日本が勝った』ヘンリー・S・ストークス著、藤田裕行訳・構成（ハート出版）

『新しい歴史教科書』（自由社）

http://www.tamagawa.ac.jp/sisetu/kyouken/kamakura/genkou/

『なぜ「反日韓国に未来はない」のか』呉善花（小学館）

『日米戦争を起こしたのは誰か』藤井厳喜、茂木弘道、稲村公望共著（勉誠出版）

『人種戦争――レイス・ウォー――太平洋戦争　もう一つの真実』ジェラルド・ホーン著、加瀬英明監修、藤田裕行訳（祥伝社）

"Preemptive Strike : The Secret Plan That Would Have Prevented The Attack on Pearl Harbor" by Alan Armstrong, Lyons Pr
『「幻」の日本爆撃計画―「真珠湾」に隠された真実』アラン・アームストロング著、塩谷紘訳（日本経済新聞出版社）
『真珠湾の真実―ルーズベルト欺瞞の日々』ロバート・B・スティネット著、妹尾作太男訳（文藝春秋）

本書は、二〇一六年にアイバス出版より刊行された、『英国人ジャーナリストが見た現代日本史の真実』（ヘンリー・S・ストークス著、藤田裕行訳）の内容を大幅に加筆の上、再編集したものです。

著者略歴

ヘンリー・S・ストークス

1938年、英国生まれ。61年、オックスフォード大学修士課程修了後、62年に英紙「フィナンシャル・タイムズ」に入社して、64年に東京支局初代支局長に着任。以後、英紙「ロンドン・タイムズ」、米紙「ニューヨーク・タイムズ」の東京支局長を歴任。三島由紀夫と最も親しかった外国人記者として知られる。著書に『三島由紀夫生と死』（清流出版）、『英国人記者が見た連合国戦勝史観の虚妄』（祥伝社）、『戦争犯罪国はアメリカだった！』（ハート出版）、『外国特派員協会重鎮が反日中韓の詐偽を暴いた』（悟空出版）、『大東亞戦争は日本が勝った』（ハート出版）など多数。2017年6月14日、「国基研　日本研究賞」特別賞を受賞した。

SB新書　500

英国人《えいこくじん》記者《きしゃ》が見抜《みぬ》いた戦後史《せんごし》の正体《しょうたい》

2020年 1月15日　初版第1刷発行

著　者　ヘンリー・S・ストークス

翻訳・構成　藤田裕行

発行者　小川 淳

発行所　SBクリエイティブ株式会社
〒106-0032　東京都港区六本木2-4-5
電話：03-5549-1201（営業部）

装　幀　長坂勇司（nagasaka design）

本文写真　毎日新聞社、国立国会図書館ウェブサイト

カバー写真　Photo／Universal History Archive／Universal Images Group／Getty Images

帯写真　©FCCJ

本文DTP　米山雄基

編集協力　福島結実子

印刷・製本　大日本印刷株式会社

本書をお読みになったご意見・ご感想を下記URL、
または左記QRコードよりお寄せください。

https://isbn2.sbcr.jp/05155/

ISBN 978-4-8156-0515-5